Pauge

Die Ortschaftsverfassung in Baden-Württemberg

Die Ortschaftsverfassung in Baden-Württemberg

Leitfaden für Ortschaftsräte
und Ortsvorsteher

von

Luisa Pauge
Dezernentin beim Gemeindetag Baden-Württemberg

bis zur 8. Auflage bearbeitet von

Paul Metzger
Oberbürgermeister a.D., Ehrenbürger der Melanchthonstadt Bretten

und

Werner Sixt
Erster Beigeordneter a.D. des Gemeindetags Baden-Württemberg

9., aktualisierte Auflage, 2024

Bibliografische Information der Deutschen Nationalbibliothek |
Die Deutsche Nationalbibliothek verzeichnet diese Publikation in der Deutschen Nationalbibliografie; detaillierte bibliografische Daten sind im Internet über www.dnb.de abrufbar.

9. Auflage, 2024

ISBN 978-3-415-07546-7

Titelfoto: © Fokke Baarssen – stock.adobe.com | Satz: abavo GmbH, Nebelhornstraße 8, 86807 Buchloe | Druck und Bindung: Plump Druck & Medien GmbH, Rolandsecker Weg 33, 53619 Rheinbreitbach

Richard Boorberg Verlag GmbH & Co KG | Scharrstraße 2 | 70563 Stuttgart
Stuttgart | München | Hannover | Berlin | Weimar | Dresden
www.boorberg.de

Wenn es dem Ganzen gut geht,
geht es auch seinen Teilen gut.
(Paul Metzger)

Vorwort

Mit diesem Handbuch möchte die Verfasserin den ehrenamtlich tätigen Ortschaftsräten und Ortsvorsteherinnen und Ortsvorstehern eine Einführung in die für sie und ihre Arbeit im Gremium der Ortschaft bedeutsamen Vorschriften des Kommunalverfassungsrechts geben.

Der erste Teil beschreibt die landes- und kommunalpolitische Bedeutung der Ortschaftsverfassung sowie ihre grundsätzlichen Rechtsvorschriften. Im zweiten Teil werden die Funktionen, Aufgaben und Zuständigkeiten des Gremiums Ortschaftsrat und seines Vorsitzenden, des Ortsvorstehers, dargestellt. Im dritten und vierten Teil wird auf die Rechtsstellung sowie die Pflichten der Ortschaftsratsmitglieder und des Ortsvorstehers eingegangen.

Die Darstellung kann auch von direkt gewählten Bezirksbeiräten benutzt werden.

Die Verfasserin wünscht sich, dass das Handbuch als Leitfaden den Ortschaftsräten und den Ortsvorstehern eine gute Orientierungshilfe sein möge.

Luisa Pauge

Im Zuge der Reform des Kommunalverfassungsrechts, die für die aktuelle Legislaturperiode vorgesehen ist, wird das Muster einer Geschäftsordnung des Ortschaftsrates überarbeitet.

Sobald das aktualisierte Muster vorliegt, wird es zum kostenlosen Download auf der Internetseite des Richard Boorberg Verlags eingestellt unter

www.boorberg-plus.de/alias/MusterGO

Der zum Download erforderliche Zugangscode lautet: MusterGO2024.

Wichtige Rechtsgrundlagen

Gemeindeordnung für Baden-Württemberg (GemO) in der Fassung vom 24.7.2000 (GBl. S. 581, ber. S. 698), zuletzt geändert durch Artikel 4 des Gesetzes vom 27. Juni 2023 (GBl. S. 229, 231);

Verordnung des Innenministeriums zur Durchführung der Gemeindeordnung für Baden-Württemberg (DVO GemO) vom 11.12.2000 (GBl. 2001 S. 2); zuletzt geändert durch Art. 5 des Gesetzes vom 28.10.2015 (GBl. S. 870, 875);

Verwaltungsvorschrift des Innenministeriums zur Gemeindeordnung (VwV GemO) vom 1.12.1985 (GABl. S. 1113), zuletzt geändert durch Verwaltungsvorschrift vom 24.11.1989 (GABl. S. 1276) – automatisch außer Kraft getreten gemäß Vorschriftenanordnung vom 23.11.2004 (GABl. 2005 S. 194)[1];

Kommunalwahlgesetz (KomWG) in der Fassung vom 1.9.1983 (GBl. S. 429), mehrfach geändert und § 10a eingefügt durch Artikel 4 des Gesetzes vom 4. April 2023 (GBl. S. 137, 139);

Kommunalwahlordnung (KomWO) in der Fassung vom 2.9.1983 (GBl. S. 459), mehrfach geändert, §§ 3b, 20a und 45 sowie Anlage 18 neu eingefügt und Anlagen 2, 12, 13, 15, 16 und 17 neu gefasst durch Verordnung vom 1. Juli 2023 (GBl. S. 277);

Erlass des Innenministeriums zur Ortschaftsverfassung vom 12.5.1978 (GABl. S. 465); Weitergeltung durch VwV vom 3.9.1997 (GABl. S. 530); außer Kraft getreten*;

Gemeindehaushaltsverordnung (GemHVO) vom 11.12.2009 (GBl. S. 770), zuletzt geändert durch Artikel 3 der Verordnung vom 4. Februar 2021 (GBl. S. 192, 195).

---

1 Die VwV GemO und der Erlass zur Ortschaftsverfassung sind wegen ihrer grundsätzlichen Bedeutung für die kommunale Praxis hier noch aufgeführt.

Wichtige Rechtsgrundlagen

Inhaltsverzeichnis

TEIL I. Die Bedeutung der Ortschaftsverfassung als besondere Verwaltungsform in der Gemeinde

1. Allgemeines

Schlusspunkte der seit dem Jahre 1968 zunächst freiwillig und auch mithilfe des „Goldenen Zügels“ durchgeführten Gemeindereform waren die am 03. und 04.07.1974 mit knapper Mehrheit vom Landtag von Baden-Württemberg beschlossenen Gemeindereformschlussgesetze. Neben vielen kleinen und leistungsschwächeren Gemeinden, wegen derer die Gemeindegebietsreform zunächst mit dem Ziel eingeleitet worden war, stärkere Verwaltungseinheiten auch im ländlichen Bereich zu schaffen, verloren auch große und leistungsfähige Gemeinden, die aus damaliger Sicht ohne Zweifel in der Lage waren, selbstständig lebensfähig und gestaltungsfähig zu sein, ihre Selbstständigkeit. Es rumorte damals vor allem in den Gemeinden, in denen sich die Bürger mehrheitlich gegen eine Eingliederung oder gegen den Zusammenschluss mit anderen Gemeinden ausgesprochen und die gewählten Gemeindevertreter oder aber der Staatsgerichtshof anders entschieden haben. In diesen Gemeinden erlahmte das bürgerschaftliche Engagement zum Nachteil der gesamten Kommune. Das hat in diesen Gemeinden eine positive Entwicklung stark gehemmt. Mit den Ortsteilvertretungen nach den Regeln der Ortschaftsverfassung Baden-Württemberg, die am 16.07.1970 eingeführt wurde, wollte der Gesetzgeber solchen Problemen entgegenwirken.

1.1 Die kommunale Gebietskarte vor und nach der Reform

Vor Einleitung und Abschluss der Gemeindereform gab es in Baden-Württemberg noch 3379 Städte und Gemeinden mit in vielen Jahrhunderten gewachsenen Traditionen und Vielgestaltigkeiten, sowie zwei unbewohnte gemeindefreie Gebiete („Gutsbezirk Münsingen“, „Landkreis Reutlingen“ und der „Gemeindefreie Grundbesitz Rheinau“ im Ortenaukreis). Am 01.01.1975 gab es lediglich noch 1111 Kommunen. Aktuell gibt es 1101 selbstständig gebliebene Städte und Gemeinden. Davon sind 911 Kommunen Teil der noch bestehenden 270 Verwaltungsgemeinschaften (davon 156 „Vereinbarte Verwaltungsgemeinschaften“ mit einer erfüllenden Gemeinde und 114 Gemeindeverwaltungsverbände). Ein nicht unwesentlicher Teil der eigentlichen Aufgabenerfüllung wird für die so selbstständig gebliebenen Gemeinden vom Personal der jeweiligen Verwaltungsgemeinschaft erbracht.

Teilweise wurde (und wird) die Einschätzung vertreten, dass die im Zuge der Gemeindereform gesetzlich eingeführten Verwaltungsgemeinschaften im Gegensatz zu den sogenannten Altverwaltungsgemeinschaften wenig (Gemeindeverwaltungsverbände) deutlicher effektiv geblieben seien. Deshalb wird diese besondere Verwaltungsreform vereinzelt infrage gestellt – ähnlich wie die Nachbarschaftsverbände in den Ballungsräumen, denen lediglich Planungsaufgaben zur gemeinsamen Gebietsentwicklung übertragen worden waren. Begründet wird diese Kritik damit, dass dort, wo notwendig, eine interkommunale Zusammenarbeit nach dem Gesetz über kommunale Zusammenarbeit (GKZ) vom 16.09.1974 (GBl. S. 408 mit Änderungen) wesentlich effektiver wäre. Eine Befürwortung solcher Auflösungstendenzen hätte jedoch Folgewirkungen auch auf aufgelöste Städte und Gemeinden haben müssen.

Ähnliche Auflösungsaktivitäten gab es bei Gemeinden als Mitglieder der 114 Gemeindeverwaltungsverbände (Altverwaltungsgemeinschaften) nie. In diesen „Alt-Verwaltungsgemeinschaften" mit umfassender Aufgabenzuständigkeit blieben 200 z. T. auch kleinste Dörfer kommunalpolitisch selbstständig. Die laufenden Geschäfte erledigt in aller Regel das Personal des Gemeindeverwaltungsverbands. Der oft ehrenamtliche Bürgermeister befindet jedoch zusammen mit dem Gemeinderat seiner selbstständig gebliebenen Gemeinde über sämtliche Schwerpunkte der kommunalen Weiterentwicklung und über die zu tätigenden Investitionen in der Gemeinde. Die Qualität dieser Zuständigkeit entspricht den Grundsätzen interkommunaler Zusammenarbeit nach dem Gesetz über kommunale Zusammenarbeit und ist daher deutlich höher, als die Aufgabenzuständigkeiten von Ortsvorsteher und Ortschaftsrat in den aufgelösten Gemeinden, denen häufig „nur" beratende Funktionen zugestanden wurden.

Klar ist: In den vergangenen 50 Jahren – seit der Neuordnung des Zweckverbandswesens durch das Baden-Württembergische Zweckverbandsgesetz von 1963 und seinem Nachfolger, dem Gesetz über Kommunale Zusammenarbeit (GKZ) – ist in Baden-Württemberg eine Vielzahl von Zweckverbänden und anderen interkommunalen Kooperationen entstanden. Dazu zählen insbesondere auch die Gemeindeverwaltungsverbände (GVV) und vereinbarten Verwaltungsgemeinschaften, die 1968 mit dem Gesetz zur Stärkung der Verwaltungskraft kleinerer Gemeinden durch das Land Baden-Württemberg forciert wurden. Und es zeichnet sich klar ab, dass die Bedeutung der interkommunalen Zusammenarbeit in den kommenden Jahren noch weiter zunehmen wird.

Zwar sind die Gründe für die wachsende Bedeutung der interkommunalen Zusammenarbeit durchaus vielschichtig und insbesondere stark durch die besondere Situation vor Ort geprägt. Viele Städte und Gemeinden sehen sich angesichts des immensen Fachkräftemangels, des demografischen Wandels und in Zeiten knapper werdender Finanzmittel aber mit der Herausforderung konfrontiert, wie sie die Leistungen der kommunalen Daseinsvorsorge weiter verlässlich erbringen können. Letzteres gilt in besonderem Maße für Städte und Gemeinden in ländlich geprägten Regionen. Mit Blick auf die steigenden Herausforderungen und Aufgaben und vor allem unter Berücksichtigung der zunehmenden Komplexität kommunaler Aufgaben ist es daher umso wichtiger, die interkommunale Zusammenarbeit vor Ort weiter auszubauen und zu unterstützen: Maßnahmen interkommunaler Zusammenarbeit können ein Weg sein, um auf der einen Seite die kommunale Eigenständigkeit und örtliche Identität zu wahren, gleichzeitig aber die Leistungen insbesondere der kommunalen Daseinsvorsorge der Städte und Gemeinden für die Bevölkerung vor Ort langfristig zu sichern. Vor diesem Hintergrund ist wahrzunehmen, dass derzeit auch in zahlreichen GVV überlegt wird, wie die Zusammenarbeit der Mitgliedsgemeinden gerade in dieser „Verbandsform“ weiter intensiviert werden kann. Denn die Aufgabenbereiche, die für eine Interkommunale Zusammenarbeit infrage kommen, sind vielfältig.

Verwaltungsstruktur-Reformgesetz – Staatliche Untere Verwaltungsbehörde

Den aktuell 95 Großen Kreisstädten sind nach § 16 Landesverwaltungsgesetz Aufgaben als staatliche untere Verwaltungsbehörde übertragen. Dazu zählen Zuständigkeiten im Ausländer- und Baurecht oder die Aufgaben als Straßenverkehrsbehörde. Solche Zuständigkeiten sind im ländlichen Raum auch auf insgesamt 38 leistungsfähige Verwaltungsgemeinschaften übertragen. Diese bürgernahe Aufgabenerledigung nützt den Verwaltungsgemeinschaften angehörenden und damit selbstständig gebliebenen Gemeinden substanziell.

1.2 Ortschaftsräte als Ausdruck örtlicher demokratischer Substanz

Mit der Reduzierung der Zahl der Gemeinden nahm auch die Anzahl der Gemeinderatssitze deutlich ab. 1974 wurde vom damaligen Verbandsdirektor des Gemeindetags Baden-Württemberg, *Kurt Heppner*, dieser Verlust an demokratischer Substanz wie folgt kommentiert: „Statt 33 000 Männer und Frauen in den Gemeinderäten unseres Landes werden wir von 1975 an nur noch 15 000 haben.“ Weniger Mitsprache ist weniger Demokratie. Man müsse deshalb nach neuen Möglichkeiten bürgerschaftlicher Mitarbeit suchen, damit die vielen bisher ehrenamtlich tätigen Menschen nicht in die Anonymität zurückgestoßen werden, so die damalige Schlussfolgerung. Die Bereitschaft der politisch aktiven und engagierten Bürger sollte als wertvollstes Kapital erhalten und entsprechend gefördert werden.

Ein wesentlicher Beitrag dafür war in Baden-Württemberg die Einführung und weitere Stärkung der Ortschaftsverfassung. Diese demokratisch legitimierten Mitwirkungsrechte für ehemals selbstständige Gemeinden haben sich bewährt.

Aktuell gibt es in den 1101 Städten und Gemeinden 18.674 Gemeinderätinnen und Gemeinderäte, rund 1300 Ortsvorsteherinnen und Ortsvorsteher und rund 16 000 Ortschaftsrätinnen und Ortschaftsräte, die sich als Repräsentanten für ihre ehemals selbstständige Gemeinde und heutige Ortschaft ehrenamtlich engagieren.

Bürgerschaftliche Mitwirkung

Kaum ein anderes Gesetz wurde so oft geändert wie die Gemeindeordnung. Mit sogenannten „Demokratisierungs-Novellen" wurden insbesondere die Minderheitenrechte in den kommunalen Gremien gestärkt.

Im Zuge der Änderung der Gemeindeordnung vom 28.10.2015 verfolgte die Landesregierung das erklärte Ziel, die bürgerschaftlichen Mitwirkungsrechte zu stärken. So wurden der Personenkreis der möglichen Antragsteller erweitert und die Quoren für Einwohnerantrag, Einwohnerversammlung und Bürgerentscheid abgesenkt. Damit wollte der Gesetzgeber anerkennen, dass über die gewählten Vertreter der kommunalen Gremien hinaus Bürgerinnen und Bürger basisorientiert in verschiedensten Arbeitskreisen zusammenarbeiten, Vorschläge zu allen Fragen der kommunalen Daseinsvorsorge erarbeiten und den kommunalen Organen zur Entscheidung vorlegen können.

Wie nicht zuletzt auch die Evaluation der Gemeindeordnung im Jahr 2020 veranschaulicht hat, werden informelle Methoden der Bürgerbeteiligung von den kreisangehörigen Städten und Gemeinden in Baden-Württemberg allerdings schon lange gelebt und selbstverständlich praktiziert. Dazu zählen beispielsweise Formate wie die Bürgerinformation in Einwohnerversammlungen und Einwohnerfragestunden, aber auch der Austausch in Arbeitsgruppen und Beteiligungsforen. Zielstellung all dieser Formate ist es, durch einen Dialog mit den lokalen Akteuren zu Lösungen zu gelangen. Die „Ausweitung" der in der Gemeindeordnung verankerten direktdemokratischen Instrumente (beispielsweise durch die Absenkung der Quoren oder auch die Änderung im Hinblick auf § 21 Abs. 6 GemO – Ausweitung auf den Aufstellungsbeschluss) war und ist vor diesem Hintergrund keineswegs unumstritten: Besteht doch die Sorge, dass die Planung und Umsetzung von kommunalpolitischen Vorhaben – seien es beispielsweise der Bau eines Kindergartens, die Schaffung von Flächen für Wohnen bzw. die Transformation der regionalen Wirtschaftsbetriebe oder insbesondere auch die Ausweisung von Flächen für Erneuerbare Energien – durch die Durchführung von Bürgerentscheiden verzögert oder gänzlich verhindert werden. Die Realisierung von Vorschlägen steht unter dem Gremienvorbehalt in den Städten, Gemeinden, Verwaltungsgemeinschaften und den Ortschaften. Nur in den nach der Gemeindeordnung zuständigen Gremien ist nach Abwägung aller Aspekte auch unter Berücksichtigung der finanziellen Auswirkungen abschließend zu entscheiden. Dem informellen Austausch zur Vermeidung von Streitigkeiten kommt deshalb eine sehr hohe Bedeutung zu. Das gilt für die Diskussion der strittigen Themen zwischen Gemeinderat, Ortschaftsrat, Bürgermeister und Ortsvorsteher einerseits und bürgerschaftlich gemachten Vorschlägen andererseits.

Gleichzeitig erleben wir, dass Hass und Gewalt sowohl gegenüber Kommunalpolitikerinnen und Kommunalpolitikern, als auch gegenüber Beschäftigten des öffentlichen Dienstes und insbesondere auch ehrenamtlichen Mandatsträgern weiter zu nehmen. Es sind die Ehrenamtlichen in den kommunalen Gremien, die sich über fünf Jahre hinweg – und nicht nur punktuell im Rahmen eines Bürgerbegehrens – für die Geschicke ihrer Kommune einsetzen und Entscheidungen treffen (müssen), die nicht immer unumstritten sind. Und wir nehmen wahr, dass viele Menschen zunehmend nicht mehr bereit sind, bei den Kommunalwahlen anzutreten und sich im Gemeinde- oder Ortschaftsrat ehrenamtlich kommunalpolitisch zu engagieren. Vor diesem Hintergrund braucht es (auch) eine Stärkung dieser Verantwortungsträger, die in den kommunalen Gremien sitzen; und es braucht – in Zeiten einer Krise der repräsentativen Demokratie – insbesondere auch ein Vertrauen in die Entscheidungskompetenz kommunaler Gremien.

Nach der Flüchtlingskrise in den Jahren 2015 – 2017 breitete sich im Jahr 2020 die Corona-Pandemie aus. Spätestens seit dem Angriffskrieg der Russischen Föderation auf die Ukraine erleben wir multiple Krisen nebeneinander. Und auch in Baden-Württemberg stehen wir vor immensen Transformationsherausforderungen – die Energiewende und Mobilitätswende, der demografische Wandel, die Digitalisierung, nachhaltige Daseinsvorsorge und gleichwertige Lebensverhältnisse, die Schaffung von bezahlbarem Wohnraum und sozialer Teilhabe, der Fach- und Arbeitskräftemangel sowie die Bewältigung der Klimakrise und Klimaanpassung zählen zu den gesellschaftlichen Zukunftsaufgaben unserer Zeit.

Demokratische Substanz kann sich im Rahmen der Zielsetzungen für mehr Beteiligung nur dann nachhaltig entwickeln, wenn die ehrenamtlich tätigen Frauen und Männer in den Ortschaften nicht nur diskutieren und fordern, sondern vor allem auch fördernd, mitentscheidend und mitverantwortend tätig werden können.

„Mitdenken, mitreden, mitmachen und mitverantworten!", so hat der Gemeindetag Baden-Württemberg vor Jahren zu Recht seine Strategie zu den verschiedenen Facetten der Bürgerbeteiligung überschrieben.

1.3 Die Ortschaftsverfassung

Teilweise war der Forderung nach mehr bürgerschaftlicher Mitwirkung schon mit der Einführung der baden-württembergischen Ortschaftsverfassung durch das Zweite Gesetz zur Stärkung der Verwaltungskraft der Gemeinden vom 28.07.1970 (GBl. S. 419) Rechnung getragen worden. Zielsetzung dieses Gesetzes war es seinerzeit vor allem, möglichst viele Gemeinden vor einem gesetzlichen Abschluss zu einem freiwilligen Verzicht auf die Selbstständigkeit zu bewegen. Im Vordergrund aller damaligen Überlegungen stand die weitverbreitete Ansicht, dass die größere und leistungsfähigere Gemeinde die für die Gemeindeentwicklung wichtigen Aufgaben wie die Bauleitplanung, den Ausbau der Infrastruktur und die Vorhaltung zentraler öffentlicher Einrichtungen, im Allgemeinen besser und zweckmäßiger als die bisher kleineren Verwaltungseinheiten zu erfüllen vermag. Da jedoch viele Gemeinden die Aufgabe ihrer Selbstständigkeit scheuten – weil sie befürchteten, dass als Folge des Zusammenschlusses ein Verlust an bürgerschaftlicher Selbstverwaltung und damit an örtlicher demokratischer Substanz eintreten würde – wurde die Ortschaftsverfassung als neue Verwaltungsform für räumlich getrennte Ortschaften eingeführt.

Die innere Organisation der Gemeinde wollte der Gesetzgeber mit der Ortschaftsverfassung so gestaltet sehen, dass sie ihre Aufgaben bürgernah erfüllen und die Belange der Ortschaft und der Gesamtgemeinde partnerschaftlich ausgleichen kann.

In der Endphase der Gemeindereform wurden durch die Einführung der Ortschaftsverfassung tatsächlich freiwillige Gemeindezusammenschlüsse stark gefördert. Die Zielplanung zur Gemeindereform und das Vorschaltgesetz zur Gemeindeneugliederung taten ihr Übriges. 1976 war in 456 der damals 1110 Städte und Gemeinden die Ortschaftsverfassung für 1711 Ortschaften in der Hauptsatzung abgesichert. Die kleinste Ortschaft hatte damals knapp 50 Einwohner, die größte, der Karlsruher Stadtteil Neureut, knapp 14 000 Einwohner.

Aktuell gibt es noch immer rund 1600 Ortschaften mit insgesamt etwa 16.000 Ortschaftsrätinnen und Ortschaftsräten, die ehrenamtlich für die Belange ihrer „Gemeinde" tätig sind. Neben Auflösungen der Ortschaftsverfassung wurde durch Änderung der Hauptsatzung die Ortschaftsverfassung auch neu eingeführt, wie z. B. im rund 30.000 Einwohner großen Stadtteil Durlach der Stadt Karlsruhe. 2019 wurden Ortschaftsratswahlen in 1.631 Ortschaften in 403 Städten und Gemeinden durchgeführt.

Eine Auflösung wäre bei der unbefristet eingeführten Ortschaftsverfassung nur durch Selbstauflösungsbeschluss des jeweiligen Ortschaftsrats zur nächsten regelmäßigen Wahl möglich (§ 73 GemO). Gerade in der Einheitsgemeinde mit verschiedenen Ortsteilen gilt es, gewachsene Strukturen und damit Vielfalt in der Einheitsgemeinde zu erhalten. Ansätze und Möglichkeiten gibt es hierfür in vielfältiger Weise. Teils werden in Gemeinden und Ortschaften mit der Ortschaftsverfassung mangelnde Mitwirkungs- und Entscheidungsrechte beklagt. Auch durch die Wirkungen des Finanzausgleichs sehen Ortschaftsratsgremien für ihre Ortschaften schlechtere Entwicklungschancen, als dies in ähnlich großen, aber selbstständig gebliebenen Gemeinden möglich sei. Dort könne, so die Einschätzung, wesentlich mehr und bedarfsgerechter investiert werden, als in den Ortsteilen mit Ortschaftsverfassung.

Die Gesamtgemeinde entwickelte sich durchaus dort vorteilhaft, wo den Ortschaftsräten in der Hauptsatzung angemessene Entscheidungszuständigkeiten und damit Mitverantwortung auch für das Gesamtwohl der Gemeinde übertragen wurde. Dieser positive Effekt wird durch den sachlich begründeten und vom Gesetzgeber gewollten, offenen Informationsaustausch zwischen Bürgermeister und Gemeinderat einerseits und Ortsvorsteher und Ortschaftsräten andererseits in allen Angelegenheiten, die für die Ortschaft von Bedeutung sein können, weiter gesteigert.

Bestrebungen zur Abschaffung der Ortschaftsverfassung

Immer wieder gab es vereinzelt Bestrebungen, den Landesgesetzgeber zur Änderung des § 73 GemO zu bewegen. Nach § 73 Abs. 3 bedarf die Aufhebung der Ortschaftsverfassung der Zustimmung des Ortschaftsrates. Dabei ist zu bedenken, dass die Ortschaftsverfassung ohnehin nur in Gemeinden mit räumlich getrennten Wohnbezirken – meist ehemals selbstständigen Gemeinden – eingerichtet werden kann. So gilt es auch nach rund 50 Jahren seit Abschluss der Gemeindereform, mit Sensibilität den Bestand der Ortschaftsverfassung nicht vorschnell infrage zu stellen. Bürgernähe wird in aller Regel in den Ortschaften ausgeprägt praktiziert. Deshalb sollte ohne Not daran nichts geändert werden. Dort, wo die eingemeindende Kommune mit ihren Ortsteilen zu einer starken Einheit mit entsprechendem Wirgefühl entwickelt werden konnte, wird auch die Aufhebung der Ortschaftsverfassung einvernehmlich diskutierbar und geräuschloser mehrheitsfähig. Entsprechend wird die Auffassung vertreten, dass die immer wieder geforderte Übertragung der ausschließlichen Zuständigkeit zur Auflösung der Ortschaftsverfassung auf den Gemeinderat als Hauptsatzungsgeber dazu keine gute Alternative wäre. Solche Entscheidungen gegen den Willen des Ortschaftsrates würden das Wirgefühl und damit die Leistungsfähigkeit sowie das Interesse an der Gesamtgemeinde eher hemmen. Der Respekt vor der oft über 1000-jährigen Geschichte der ehemals selbstständigen Gemeinden erfordert in jedem Fall eine sehr sensible Abwägung. Auf die Ausführungen in Abschnitt 3.2 wird verwiesen.

2. Ziele und Grenzen der Ortschaftsverfassung

2.1 Allgemeines

Im Erlass des Innenministeriums zur Ortschaftsverfassung bekannte sich die Landesregierung nachdrücklich zu einer möglichst breiten, angemessenen Anwendung der Ortschaftsverfassung durch die Gemeinden. Die Ortschaftsverfassung ist ein besonders wichtiges Mittel zur Integration der Ortschaft in die Gemeinde. Die Vielfältigkeit in der Gemeinde kann und soll mit der Ortschaftsverfassung erhalten und zur Geltung gebracht, die bürgerschaftliche Beteiligung in den Ortschaften gestärkt, der Anonymisierung entgegengewirkt und damit die Bürgernähe der Gemeindeverwaltung erhalten werden. Diese Ziele sind heute genau so aktuell wie bei Einführung der Ortschaftsverfassung 1970.

Wesentlich an der Organisationsform der Ortschaftsverfassung ist die Erhaltung des inneren Gefüges der vergrößerten Gemeinde als Einheitsgemeinde. Die Ortschaften haben keine Rechtspersönlichkeit Sie haben keinen eigenen Haushalt und können Ausgaben nur im Rahmen der Mittel, die ihnen der Gemeinderat im Haushalt zuweist, beschließen. Gerade solche Entscheidungszuständigkeiten, die aber auch nur nach entsprechender Ausgestaltung der Hauptsatzung möglich sind, wurden trotz des im genannten Erlass enthaltenen Aufgabenkatalogs nur sehr zurückhaltend übertragen. Ursache hierfür sei, so eine Einschätzung, das vielfach gemeinderätliche „Selbstverständnis", auch für weniger bedeutsame Maßnahmen entscheidend zuständig sein zu wollen. Klar ist, dass die angestrebten Ziele und die wegen der Einheitlichkeit in der Gemeinde gesteckten Grenzen der Ortschaftsverfassung insoweit in der Praxis der Ausgestaltung nicht immer problemlos sind und nicht immer ohne Konflikte bleiben. Die Gegenüberstellung der von der Landesregierung angestrebten Ziele mit den zu beachtenden Grenzen – so wie es im Erlass zur Ortschaftsverfassung formuliert ist – macht dies verständlich.

2.2 Ziele der Ortschaftsverfassung

Eigenverantwortlichkeit

Die Ortschaftsverfassung soll es den Ortschaften ermöglichen, ihre Belange in einem der Gesamtgemeinde zuträglichen Maße selbstverantwortlich zu vertreten. Durch die Ortschaftsverfassung kann den Ortschaften ein eigener Verantwortungs- und Handlungsspielraum eingeräumt werden (Budgetierung, allerdings bezogen auf die einzelnen übertragenen Aufgabenfelder). Die Förderung der Eigenverantwortlichkeit der Ortschaft in den der Ortschaftsverfassung gezogenen Grenzen nützt dem Wohl der Gesamtgemeinde, ermutigt den Bürger zur Mitarbeit und trägt zu einem regen Leben in der örtlichen Gemeinschaft bei. Die Ortschaftsverfassung erlaubt es den Gemeinden, die Ortschaften als eigene Träger des kulturellen und gesellschaftlichen Lebens zu erhalten und zu fördern. Den Gemeindeorganen – Gemeinderat und Bürgermeister – werden dadurch die notwendigen Steuerungsmöglichkeiten über den Haushalt, den Erlass von Satzungen und Handhabungsrichtlinien nicht infrage gestellt. Die Ortschaftsräte haben bei entsprechenden Zuständigkeiten die in der Gemeinde geltenden Regeln zu beachten. Die bisherigen Erfahrungen haben gezeigt, dass die Bereitschaft dazu in der Mehrzahl aller Ortschaften vorhanden ist.

Gerade in der überall zu beobachtenden Rückbesinnung auf eigene Traditionen und auf die örtliche Geschichte wird im Zusammenwirken der Bürger mit Ortschaftsrat und Ortsvorsteher viel für die Erhaltung der örtlichen Eigenart getan. Die nach der Gemeindereform so oft beklagte „Straßenreinigungs-Forderungsmentalität", das heißt das abwälzen wollen von früher als selbstverständlich von den Bürgern übernommenen

Aufgaben auf die Gemeinde im Vordergrund der Auseinandersetzungen, scheint zunehmend um sich zu greifen. Das ist (auch) für eine gedeihliche Gesamtentwicklung nicht förderlich. Eigeninitiativen und das Sichengagieren für die Gemeinde, auf allen Ebenen der kommunalen Daseinsvorsorge, Soziales, Kultur, Mobilität, Umwelt, Freizeit und Sport hat Anspruch auf fördernde Unterstützung.

Der überschaubare Bereich der Ortschaften bietet dazu viele Möglichkeiten, die von der Gesamtgemeinde auch zum eigenen Wohl genutzt werden können. Im Rahmen der gesetzlichen Möglichkeiten können, neben der vorgegebenen Beratungsfunktion, dem Ortschaftsrat tatsächlich begrenzte Bewirtschaftungsbefugnisse im Rahmen des Haushaltsvollzugs übertragen werden. Dort, wo sich der Ortschaftsrat lediglich als „Forderungsrat" versteht und keine Rücksicht auf die Möglichkeit der Gesamtgemeinde nimmt, wird es zu kaum lösbaren Problemen kommen, die nicht nur der Einheitsgemeinde schaden, sondern vor allem der Ortschaft selbst. Man vergisst häufig, dass man – wie in jedem privaten Haushalt – für alle Bereiche der Einheitsgemeinde nur das ausgeben kann, was auch gemeinsam erwirtschaftet wurde.

Bürgernahe Ortsverwaltung

Die Ortschaftsverfassung ist ein Mittel zur Dekonzentration der Verwaltung. Durch sie kann die Verwaltung bürgernah ausgestaltet werden. In Verbindung mit der Einrichtung einer örtlichen Verwaltung können die Wege des Bürgers zu seiner Verwaltung verkürzt, die Integration verbessert und die Sachnähe der Verwaltung gesteigert werden. Der Bürgernähe der Verwaltung kommt in einem demokratischen Staat ein hoher Wert zu. Das sollte bei der Entscheidung der Gemeinde über die Einführung und Ausgestaltung der Ortschaftsverfassung sowie bei der Einrichtung und Ausgestaltung der örtlichen Verwaltung immer mit bedacht werden.

Der Kontakt mit den Bürgern wird weniger problematisiert, die Ortskenntnis erleichtert vielfach die Bearbeitung von Anliegen. Dem sind allerdings auch Vorzüge der Zentralverwaltung gegenüberzustellen, insbesondere bei Befangenheitsproblemen.

Diese Grundsätze gelten auch in Ortsteilen, für die die Ortschaftsverfassung nicht mehr besteht oder nicht eingeführt wurde. Ortsverwaltungen sind nicht davon abhängig, dass die Ortschaftsverfassung eingeführt ist; sie sind aber immer integraler Bestandteil der Gesamtverwaltung. Örtliche Verwaltungen haben die Funktion von Bürgerämtern in den Ortschaften.

Bürgermitwirkung

Die Ortschaftsverfassung ist auch ein Instrument, mit dem die bürgerschaftliche Mitwirkung im kommunalen Geschehen gefördert werden kann. Auf der Ebene der Ortschaften sind die Zusammenhänge des kommunalen Bereichs für den Bürger gut überschaubar, seine Mitsprache kann deshalb in besonderem Maße in die Entscheidungen einfließen. Die Teilhabe des Bürgers an der Selbstverwaltung ist über aktuelle und zeitnahe Informationen, über den Gedankenaustausch und die Einbeziehung in die Meinungsbildung sowie über die bürgerschaftlichen Organe der Ortschaft möglich.

In der kleineren Einheit Ortschaft können und sollen die bestehenden Kontakte zwischen den Organen Ortschaftsrat und Ortsvorsteher und den Bürgern besonders gepflegt werden. Dafür bieten sich Einwohnerversammlungen, Einwohnersprechstunden des Ortsvorstehers, aber auch Einwohnerfragestunden bei öffentlichen Sitzungen des Ortschaftsrats an; den Bürgerinnen und Bürgern muss die Möglichkeit gegeben werden, sich mit Fragen und Anregungen zur Tagesordnung zu äußern. Die Beratungsunterlagen der öffentlichen Sitzungen sind dafür bereitzustellen.

Oft strittig diskutiert wird, wann die Einwohnerfragestunde, Dauer üblicherweise 30 Minuten, angesetzt werden sollte. Sinn macht dies am ehesten vor Eintritt in die Tagesordnung. Anregungen der Bürger können dann noch in die nachfolgende Beratung des Ortschaftsrates einfließen. Bürgerfragen am Ende der Sitzung könnten lediglich noch zusätzlichen Fragebedarf ohne Auswirkungen auf die bereits getroffene Entscheidung auslösen. Zuständig für die Aufnahme und Beantwortung von Fragen und Anregungen ist nicht der Ortschaftsrat, sondern ausschließlich der Ortsvorsteher. Lange Zeit wurden solche Möglichkeiten der Bürgerbeteiligung kaum oder gar nicht genutzt. Inzwischen hat sich dies deutlich gesteigert. Vor allem werden zunehmend auch Einwohnerversammlungen durch den Ortsvorsteher einberufen. Fragen des Umweltschutzes, der Digitalisierung, der Verkehrsprobleme oder der Dorfentwicklung stehen dabei genauso im Mittelpunkt der Diskussionen wie auch viele „kleine" Hinweise, die das bürgerschaftliche Engagement steigern und anregen können.

Auch die Hinzuziehung sachkundiger Bürger der Ortschaft zu den Beratungen des Ortschaftsrats war und ist ein Mittel, bürgerschaftlichen Sachverstand für die Allgemeinheit zusätzlich nutzbar zu machen. Hinzuweisen ist schließlich auf das Instrument des Einwohnerantrags. Nach § 20 b Abs. 4 GemO gilt dieser ausdrücklich auch für Ortschaften. Danach können die Einwohner beantragen, dass der Ortschaftsrat eine bestimmte Angelegenheit behandelt (Einwohnerantrag). Voraussetzung hierfür ist, dass die Angelegenheit in die Zuständigkeit des Ortschaftsrats fällt. In diesen Fällen steht dem Ortschaftsrat ein Vorschlagsrecht zu. Entscheidungskompetenzen des Ortschaftsrats sind nicht erforderlich. Für die Zulässigkeit des Einwohnerantrags in Ortschaften gelten die allgemeinen Anforderungen für den Einwohnerantrag an den Gemeinderat (§ 20 b Abs. 1–3 GemO). Zur Berechnung des Unterschriftenquorums ist die Zahl der Bürger und Einwohner in der Ortschaft maßgebend. Über die Zulässigkeit des Einwohnerantrags entscheidet der Ortschaftsrat oder in Stadtbezirken der Bezirksbeirat.

Erhaltung der Identität der Ortschaften

Besondere Bedeutung kommt der Ortschaftsverfassung dort zu, wo größere Entfernungen zwischen dem Zentralort und der Ortschaft bestehen. Wenn auch die Ortschaftsverfassung nicht speziell für den ländlichen Raum entwickelt wurde, hat sie dort wegen der Siedlungsstruktur ihre besondere Bedeutung. Die Ortschaftsverfassung ist gerade dort ein wichtiges Instrument der Dorfentwicklung. Sie kann dazu beitragen, die Identität des Dorfes zu erhalten. Durch die Ortschaftsverfassung ist es den Ortschaften in bestimmten Grenzen in die Hand gegeben, ihre örtliche und dörfliche Entwicklung maßgeblich zu beeinflussen.

Die Ortschaftsverfassung soll auch dazu beitragen, dass sich in räumlich weiter vom Zentralort entfernt liegenden Orten die Ortsteile zu einer neuen Einheitsgemeinde kontinuierlich weiterentwickeln. Der Ortschaftsrat als kommunalpolitisches Vertretungsorgan sowie der Ortsvorsteher als Vertrauensmann der Ortschaft und der in der Ortschaft lebende Bürger sind gerade dafür in besonderem Maße zuständig. Sie haben zu gestalten, Anregungen und Vorschläge aufzugreifen und umzusetzen. Dabei kommt natürlich auch den örtlichen Vereinen eine besondere Bedeutung zu. Nach allen bisherigen Erfahrungen hat sich gerade diese Zusammenarbeit in der Ausgestaltung der Ortschaftsverfassung bestens bewährt und Identitätskrisen mit all ihren möglichen negativen Folgen in den Ortschaften verhindert.

Ortsreferenten

Dort, wo Gemeinden sich dazu entschlossen haben, die Ortschaftsverfassung nicht einzuführen, bemühen sich Gemeinderat und Bürgermeister, die wichtige Kontaktpflege zwischen Bürgern und Vereinen einerseits und Kommunalverwaltung andererseits, z.B. durch die Bestellung von Ortsreferenten in Verwaltungsstellen als wichtiges Bindeglied, zu vertiefen. Das Engagement ehrenamtlicher Ortsvorsteher und Ortschaftsräte hat sich dabei sehr oft als effektiver erwiesen als hauptamtliches Personal, das dafür bereitgestellt wurde. Dies gilt sowohl bei Sachfragen als auch bei der Entlastung des Oberbürgermeisters, Bürgermeisters oder der Zentralverwaltung. Die von der Bevölkerung demokratisch gewählten Ortschaftsräte und auch die ehrenamtlichen Ortsvorsteher haben im Vergleich zu den von der Verwaltung bestellten Ortsreferenten einen unmittelbareren Zugang und stehen in einem besonderen Vertrauensverhältnis zu den Menschen in ihrer Ortschaft.

2.3 Grenzen der Ortschaftsverfassung

Die gedeihliche Entwicklung der Ortschaft ist nach Überzeugung des Gesetzgebers nur in der Einheitsgemeinde möglich. Oberstes Ziel bleibt auch bei Einführung oder Weiterführung der Ortschaftsverfassung, dass die durch die Gemeindereform neu geordneten Gemeinden als tatsächliche Gemeinwesen zusammenwachsen. Dabei kann es nicht ausbleiben, dass die

Interessen der gesamten Gemeinde und ihrer Ortschaften ausgeglichen werden müssen. Dies ist nicht immer einfach. Einerseits muss vermieden werden, dass durch eine zu starke Verselbstständigung der Ortschaften die durch die Gemeindereform erreichten Ziele wieder infrage gestellt werden; andererseits soll aber auch eine angemessene Eigenständigkeit der Ortschaften erhalten bleiben. Für die Entscheidung zur Ausgestaltung der Ortschaftsverfassung hat daher das Innenministerium im seinerzeitigen Erlass zur Ortschaftsverfassung nicht nur wünschenswerte Ziele, sondern auch deutliche Grenzen aufgezeigt, die im Folgenden näher erläutert sind.

Verfassungsrechtliche Gewährleistung der Einheitsgemeinde

Den Gemeinden ist ihr Charakter als Einheitsgemeinde verfassungsrechtlich gewährleistet. Sie müssen die Funktionen der Einheitsgemeinde jederzeit erfüllen können. Besondere Schwerpunkte der Einheitsgemeinde liegen im planerischen, im sozialen und im finanziellen Bereich, vor allem bei den Investitionen. In der Einheitsgemeinde verbietet sich grundsätzlich eine unterschiedliche Behandlung der Einwohner. Die Einheitsgemeinde erfordert auch eine einheitliche Verwaltungsführung und Verwaltungspraxis in der Gemeinde. Dies gilt für Freiwilligkeitsleistungen genauso wie für die Festsetzungen von Abgaben und Steuern. So würde z.B. eine unterschiedlich ausgeformte Vereinsförderung diesen Grundsätzen völlig zuwiderlaufen.

Integrationsbedürfnis der Gemeinden

Die Gemeinden haben seit dem Abschluss der Gemeindereform – zum großen Teil bis heute noch – ein besonders starkes Integrationsbedürfnis. Die Verselbstständigung von Ortschaften würde diesem Bedürfnis zuwiderlaufen und kaum überbrückbare Schwierigkeiten im sachlichen und persönlichen Bereich auslösen. Es sei hier ausdrücklich betont, dass die Traditionspflege nicht im Widerspruch dazu steht, sondern wichtiger Teil der Integrationsbemühung ist. Gemeinden mit mehreren Ortsteilen sollten sich bei ihrem Integrationsbedürfnis darauf verständigen, dass sie kein „Einheitsbrei", sondern Einheit in der Vielfalt sind.

Stärkung der Zentralverwaltung

Die Ausgestaltung der Ortschaftsverfassung darf nicht die Qualität der Zentralverwaltung infrage stellen. Dem liegt zugrunde, dass eine hohe Qualität der Gemeindeverwaltung auch dem Bürger in der Ortschaft zugutekommt. Gerade dieses Ziel sollte mit der Gemeindereform verwirklicht werden. Bei komplizierter gewordenen Verwaltungsaufgaben war die Stärkung der Verwaltungskraft der Gemeinden unter anderem ein – oder sogar der – Schwerpunkt bei allen Diskussionen um und über die Gemeindereform. Bei alldem haben die Gemeinden den Grundsatz der Sparsamkeit und Wirtschaftlichkeit auch bei der Dekonzentration der Verwaltung zu beachten. Gerade im finanziellen Entscheidungsbereich sind den Gemeinden bei der Ausgestaltung der Ortschaftsverfassung Grenzen gesetzt. Es muss deshalb auch der richtige Mittelweg zwischen der Effektivität der Verwaltung und ihrer Bürgernähe gefunden werden. Glaubwürdig bleibt der Ortschaftsrat, wenn er sich für die Schaffung und Erhaltung von Einrichtungen der Daseinsvorsorge engagiert, Bürger zur Unterstützung motiviert und bei Investitionen auch deren Finanzierbarkeit beachtet.

Die „Grenz-Regelungen" im Erlass des Innenministeriums zur Ortschaftsverfassung machen deutlich, wie schwierig es sein kann, den häufig unterschiedlichen Interessen zwischen der Gesamtgemeinde und der Ortschaft gerecht zu werden oder sinnvoll abzuwägen. Im Vordergrund des Kommunalverfassungsrechts steht die gedeihliche Weiterentwicklung der Einheitsgemeinde. Reibungsverluste zwischen dem Gemeinderat und dem für die Wahrnehmung der Interessen der Ortschaft gewählten Ortschaftsrat wird es deshalb immer geben. Dies liegt im System begründet. Trotzdem sollte es möglich sein – und dafür gibt es genügend positive Beispiele – aus der vorhandenen Rechtslage die angestrebten Ziele der Ortschaftsverfassung mit den Interessen der Einheitsgemeinde in Einklang zu bringen.

Auf Möglichkeiten, wie dies gelingen kann, wird in Teil II näher eingegangen.

3. Einführung, Aufhebung oder Weiterführung der Ortschaftsverfassung

3.1 Einführung der Ortschaftsverfassung

Die Ortschaftsverfassung kann nur durch die Hauptsatzung der Gemeinde eingeführt werden; sie bedarf als wichtige organisationsrechtliche Entscheidung dafür der Mehrheit aller Mitglieder des Gemeinderats. Grundsätzliche Voraussetzung für die Einführung ist – wie auch für die Einführung der unechten Teilortswahl – die räumliche Trennung zwischen den Ortschaften. Die Ortschaftsverfassung kann nicht nur für einen Ortsteil eingeführt werden, der im Rahmen der Gemeindereform in die Gemeinde eingegliedert wurde, sondern auch für einen Ortsteil, der schon vor Einführung der Ortschaftsverfassung ohne eigene örtliche Vertretung bestanden hat. Im ursprünglichen Regierungsentwurf war dies nicht so vorgesehen. Die Ortschaftsverfassung sollte danach nur dort zugelassen werden, wo frühere Gemeinden im Zuge der Gemeindereform zu einer neuen Gemeinde zusammengeschlossen oder in eine bestehende Gemeinde eingemeindet oder umgemeindet wurden.

Der Landtag hat diese Argumentation abgelehnt und die Notwendigkeit der Gleichbehandlung aller räumlich getrennten Ortsteile, die ehemals selbstständige Gemeinden waren, höher bewertet.

Danach war und ist es auch möglich, dass in der eingliedernden Gemeinde ebenfalls eine eigene Ortsteilvertretung geschaffen werden kann. Allerdings ist dies nur selten geschehen und – wenn der Zentralort dominiert – auch nicht zu empfehlen. Im Zentralort bündelt sich zumeist das Dienstleistungsangebot (Rathaus, Schulen, Arbeitsplätze usw.). Ein dort eingerichteter Ortschaftsrat könnte das Zusammenwachsen mit den eingegliederten Ortschaften bedeutend erschweren.

Unterschiedlich ausgelegt wurde lange der Begriff „räumlich getrennter Ortsteil". Durchgesetzt hat sich die in der Zeitschrift „Die Gemeinde" (1970, S. 349) dargestellte Auslegung, dass im Interesse des mit dem Gesetz angestrebten Ziels nicht ausschließlich auf den geschlossenen Siedlungszusammenhang, sondern mehr auf das Vorhandensein eines bürgerschaftlichen Eigenlebens ehemals selbstständiger Gemeinden abzustellen ist. Indizien dafür sind Rathaus, Kirche, Schule, Kindergarten, örtliche Vereine als Kulturträger, Gemarkung, Friedhof usw.

Bei der Entscheidung über die Einrichtung von Ortschaften ist im Interesse eines sinnvollen Gebrauchs dieser Institution zu beachten, dass nur Ortschaften mit einer nach der Bevölkerungszahl und dem Aufgabenbestand ausreichenden Tragfähigkeit eingerichtet werden sollten. Nur so kann eine eigene, dezentrale bürgerschaftliche Verwaltung gerechtfertigt sein, die nicht gleich wegen Aufgabenmangels zu Frustrationen bei den gewählten Vertretern führt. In solchen Fällen könnte die Zusammenlegung verschiedener benachbarter kleinerer Ortsteile zu einer gemeinsamen Ortschaft erwogen werden. Denkbar wäre dann auch, dass die Ortschaftsräte nach den Bestimmungen der unechten Teilortswahl gewählt werden.

Die Ortschaftsverfassung erfordert grundsätzlich einen starken Zentralort. Bei der Einführung der Ortschaftsverfassung sollte in jedem Fall beachtet werden, dass die mit dem Gemeindezusammenschluss bezweckte Stärkung der gemeindlichen Verwaltungs- und Leistungskraft nicht gefährdet wird. Als problematisch hat sich die Ortschaftsverfassung insbesondere dort erwiesen, wo kein größerer Zentralort vorhanden ist. Große Probleme bestehen in Gemeinden mit zwei oder auch mehreren gleich großen und strukturierten Ortsteilen. Die Ortschaftsratsgremien aller Ortschaften könnten dadurch die Arbeit des Gemeinderats als Hauptorgan der Gemeinde tatsächlich und beachtlich erschweren. Die Einführung oder Beibehaltung der Ortschaftsverfassung sollte bei solchen Strukturen daher nach gründlicher Prüfung aller örtlichen Besonderheiten entschieden werden.

Sinnvoll dürfte die Ortschaftsverfassung immer dort sein, wo kleinere, aber vom Aufgabenbestand tragfähige Ortsteile vorhanden sind und diese wegen ihrer Einwohnerzahl im Verhältnis zur Gesamtgemeinde zahlenmäßig nur relativ schwach im Gemeinderat vertreten sein können. In der Stadt Karlsruhe wurde nach lebhafter Diskussion unter Beachtung dieser

Grundsätze erst im Jahr 1989 die Ortschaftsverfassung für den großen Stadtteil Durlach mit damals 30 000 Einwohnern eingeführt. Damit wurde diese ehemalige Badische Residenzstadt mit den Gemeinden gleichgestellt, in denen im Zuge der Eingemeindung während der Gemeindereform bereits die Ortschaftsverfassung eingeführt worden war.

Regelungen in der Hauptsatzung

Der Einheitsgemeinde ist die Einführung der Ortschaftsverfassung mit Rücksicht auf ihre Organisations-, Personal- und Finanzhoheit freigestellt. Gesetzliche Verpflichtungen sind lediglich bei der Ausgestaltung der Ortschaftsverfassung in der Hauptsatzung zu beachten.

Zwingende Inhalte von Regelungen der Hauptsatzung sind:

- die Einrichtung und Bezeichnung der Ortschaften, in denen die Ortschaftsverfassung eingeführt wird;
- die Abgrenzung der Ortschaften. Dabei besteht zwar keine Bindung an die Gemarkungsgrenzen bisheriger oder früher selbstständiger Gemeinden; sie sollten jedoch beachtet werden;
- die Zahl der in der Ortschaft tätigen Ortschaftsräte. Diese muss nicht (könnte aber auch) mit der Zahl der Gemeinderäte in vergleichbar großen Einheitsgemeinden identisch sein. Bei Abweichungen wurden meist geringere Sitzzahlen festgelegt;
- die etwaige Übertragung von Entscheidungszuständigkeiten und -befugnissen auf Ortschaftsrat und Ortsvorsteher.

3.2 Aufhebung oder Weiterführung der Ortschaftsverfassung

In den Fällen, in denen die Ortschaftsverfassung bei der Gemeindeneugliederung lediglich befristet vereinbart und eingeführt worden war und diese Fristen noch nicht abgelaufen sind, sollten die Gemeindeorgane, Bürgermeister und Gemeinderat rechtzeitig mit dem Ortschaftsrat und dem Ortsvorsteher die Frage der Beibehaltung der Ortschaftsverfassung prüfen. Oft ist der Ortschaftsrat als bürgerschaftliche Vertretung des Ortsteils zu einem echten Gesprächspartner für die Bürger geworden; seine Aufhebung könnte – so eine weitverbreitete Sorge – zu Identitätsverlusten in der Ortschaft führen.

Die Aufhebung der unbefristet eingeführten Ortschaftsverfassung ist nur mit Zustimmung der Mehrheit aller bestellten, im Amt befindlichen Ortschaftsräte im Wege der Änderung der Hauptsatzung durch den Gemeinderat möglich. Sofern entsprechend einer Vereinbarung über die Eingliederung einer Gemeinde in der Hauptsatzung die Ortschaftsverfassung nur für eine Übergangsfrist eingeführt worden war, endet diese besondere Verwaltungsform automatisch mit Ablauf der vereinbarten Frist. Die Beibehaltung der Ortschaftsverfassung bleibt dann durch Beschluss des Gemeinderats immer möglich; sie kann jedoch nicht mehr zeitlich befristet werden, sondern gilt als unbefristet eingeführt und wäre nur durch qualifizierte Mehrheit im Ortschaftsrat wieder aufzugeben (Selbstauflösungsbeschluss). Aus Gleichstellungsgründen empfiehlt sich das immer dann, wenn in anderen Ortsteilen der gleichen Gemeinde die Ortschaftsverfassung unbefristet weiterlaufen würde.

Die Ortschaftsverfassung dient nicht nur der Wahrung der örtlichen Identität; vielmehr ist sie der Garant für die nachhaltige Sicherung des ehrenamtlichen Engagements auf kommunalverfassungsrechtlicher Basis. Dies sollte bei allen Aufhebungsüberlegungen als wichtiges Kriterium beachtet werden. Sonst denkbare Bürgerinitiativen, die nicht unbedingt das Gesamtwohl, sondern ausschließlich Eigeninteressen vertreten könnten, würden einen gedeihlichen Entwicklungsprozess in der Gesamtgemeinde eher erschweren. Siehe dazu auch unten Teil I 3.4 (Organklage).

3.3 Rücknahme oder Weiterführung von Entscheidungsbefugnissen

Die große Mehrzahl aller Gemeinderatsgremien der ehemals selbstständigen Gemeinden machten ihren zustimmenden Beschluss zur Aufgabe der Selbstständigkeit davon abhängig, dass nicht nur bestimmte Investitionen und die Bestandssicherung für vorhandene Infrastrukturen, sondern mit der Ortschaftsverfassung auch Entscheidungsbefugnisse garantiert wurden.

Solche Forderungen wurden in den Eingliederungsverträgen durch entsprechende Ergänzung der Hauptsatzung zugestanden. Wie die Ortschaftsverfassung selbst konnten auch die vereinbarten Zuständigkeiten zeitlich befristet werden. Nach Ablauf der vereinbarten Frist entfallen diese Zuständigkeiten grundsätzlich automatisch. Analog endet grundsätzlich auch die befristet eingeführte Ortschaftsverfassung nach Zeitablauf. Es bedarf dazu nicht der Zustimmung des Ortschaftsrats.

Ein solcher Wegfall oder die Reduzierung von bisherigen Zuständigkeiten des Ortschaftsrats ist landesweit nach wie vor umstritten und wird vor Ort in der Regel kontrovers diskutiert. Die Ortschaftsvertreter wollen nicht nur mitdenken, mitreden und als „notwendiges Übel“ mitmachen. Sie wollen Ortsspezifisches maßgeblich beeinflussen und auch finanziell mitverantworten. Auf Möglichkeiten dazu wird in Teil II, 1.4 hingewiesen.

3.4 Kommunalverfassungsrechtlicher Organstreit (Organklage)

Ändert der Gemeinderat die Hauptsatzung, um vereinbarte Zuständigkeitsbefugnisse des Ortschaftsrats aufzuheben oder zu reduzieren, kann dieser gegen den Gemeinderat beim zuständigen Verwaltungsgericht klagen (Organklage). Berufungsinstanz ist der Verwaltungsgerichtshof. Die Gerichts- und Anwaltskosten hat die Gemeinde auch für den Ortschaftsrat zu übernehmen. Ein solcher Streit wurde im Januar 2014 vor dem Verwaltungsgericht Karlsruhe ausgetragen. „Der Fall ist zu lösen, nicht aber der Streit“, so der Tenor der Kammer bei der Verhandlung.

Der Ortschaftsrat hatte die Klage 2012 angestrengt, obwohl der Gemeinderat schon 1993 einstimmig nach Anhörung des Ortschaftsrats die 1973 vereinbarten Entscheidungsbefugnisse des Ortschaftsrats durch entsprechende Änderung der Hauptsatzung abgeschafft hatte. Die politischen Mehrheiten im Ortschaftsrat hatten sich bei der Wahl 2009 wegen einer in der Ortschaft abgelehnten Industrieansiedlung grundlegend verändert. Der vom Ortschaftsrat vorgeschlagene Ortsvorsteher wurde vom Gemeinderat nicht gewählt. Die Spannungen zwischen Ortschaftsrat, Bürgermeister und Gemeinderat steigerten sich stetig. Ein kompromissfähiges Miteinander war nicht mehr möglich. Daran scheiterte auch ein vom Gericht empfohlener Kompromiss.

Das Verwaltungsgericht Karlsruhe hat mit Urteil vom 29.01.2014 (Az.: 4 K 2887/12) zugunsten des Gemeinderats entschieden. Es stützte sich dabei auf den Wortlaut der Eingliederungsvereinbarung (EV) aus dem Jahre 1972. Dort ist in § 22 Abs. 2 Folgendes geregelt:

„Nach dem 1.1.1985 wird der Gemeinderat von ... überprüfen, ob die Ortschaftsverfassung beibehalten werden soll. Zuvor sind die einzelnen Ortschaftsräte zu hören. Die Abschaffung der Ortschaftsverfassung nach dem 1.1.1985 bedarf der Mehrheit aller Stimmen des Gemeinderats von ... (qualifizierte Mehrheit)."

Beim Abschluss der EV 1972 galt § 76 g GemO 1955 in der Fassung vom 28.07.1970 (GBl. BW 1970 S. 419) mit folgendem Wortlaut:

»Aufhebung der Ortschaftsverfassung:

Ist die Ortschaftsverfassung aufgrund einer Vereinbarung nach § 9 auf unbestimmte Zeit eingeführt worden, kann sie durch Änderung der Hauptsatzung mit Zustimmung des Ortschaftsrats aufgehoben werden, frühestens jedoch zur übernächsten, regelmäßigen Wahl der Gemeinderäte nach Einführung der Ortschaftsverfassung. Der Beschluss des Ortschaftsrats bedarf der Mehrheit der Stimmen aller Mitglieder.«

In den Entscheidungsgründen führte das Gericht aus, dass die Klage im sogenannten kommunalverfassungsrechtlichen Organstreit als Feststellungsklage nach § 43 Abs. 1 Verwaltungsgerichtsordnung (VwGO) statthaft und der Ortschaftsrat wegen der möglichen Verletzung seiner Rechte aus § 9 Abs. 2 der EV 1972 beteiligtenfähig und klagebefugt ist. Die Subsidiaritätsklausel des § 43 Abs. 2 VwGO greift nicht. Eine Frist für die Erhebung der Organklage war nicht einzuhalten. Deshalb war die Klage auch trotz des langen Zeitraums von neun Jahren zwischen Änderung der Hauptsatzung 1993 und der Einreichung der Klage 2012 zulässig.

Im Organstreitverfahren ist die Klage gegen das Organ oder den Organteil oder den Funktionsträger zu richten, dem die behauptete Kompetenzverletzung anzulasten ist. Das war der Gemeinderat, der die Rücknahme der Zuständigkeiten des Ortschaftsrats durch Änderung der Hauptsatzung beschlossen hatte.

Aus der Kompetenz des Gemeinderats für die ab 10.01.1985 möglich gewesene Aufhebung der Ortschaftsverfassung (§ 22 Abs. 2 EV 1972) konnte nach dem Urteil des Verwaltungsgerichts der Gemeinderat ableiten, dass die Ortschaftsverfassung nur noch mit den gesetzlichen Mindestaufgaben (§ 70 GemO) weitergeführt wird. Das Argument „a maiore ad minus“ im Sinne eines Erst-recht-Schlusses sei ein anerkannter Gesichtspunkt bei der Auslegung von Rechtsvorschriften. Dem Ortschaftsrat wurden zwar seine vorherigen, erweiterten Mitwirkungs- und Entscheidungsrechte entzogen; er ist aber weiter bei allen wichtigen Angelegenheiten anzuhören und bleibt damit weiter in einer wichtigen beratenden Funktion für seine Ortschaft.

Der Ortschaftsrat hat im April 2012 gegen dieses Urteil beim Verwaltungsgerichtshof Baden-Württemberg (VGH) Antrag auf Zulassung der Berufung gestellt. Der VGH hatte danach zu prüfen, ob das Urteil grundsätzliche Bedeutung auch für die Ausgestaltung von Hauptsatzungen in anderen Städten und Gemeinden haben könnte.

Diesen Antrag des Ortschaftsrats auf Zulassung der Berufung hat der Verwaltungsgerichtshof Baden-Württemberg mit Entscheid vom 21.08.2014 zurückgewiesen. Das Urteil des Verwaltungsgerichts Karlsruhe vom 29.01.2014 wurde deshalb rechtskräftig. Die Kosten dieser Organklage mit einem festgesetzten Streitwert in Höhe von 2500 € hatte die Gemeinde zu tragen. Zwischenzeitlich wurden nicht nur die beschließenden Zuständigkeiten des Ortschaftsrats aufgehoben. Nach dem Urteil änderte der Gemeinderat die Hauptsatzung zusätzlich und schaffte die im Zuge der Gemeindereform eingeführte Ortschaftsverfassung für beide Ortsteile ab.

TEIL II. Funktionen, Aufgaben und Zuständigkeiten von Ortschaftsrat, Ortsvorsteher und örtlicher Verwaltung

1. Ortschaftsrat

Der Ortschaftsrat hat die auf die Ortschaft bezogenen Interessen der Bürger, die in der Ortschaft wohnen, zu vertreten; er ist, wie auch der Ortsvorsteher, obligatorisches Gremium in der Ortschaft. Die Mitglieder sind als Kollegialorgan die ortsnahen Sachwalter der Interessen der Ortschaft und unmittelbare Ansprechpartner der Bürger. Nach außen wird die Ortschaft ausschließlich durch den Ortsvorsteher vertreten. Einzelne Ortschaftsräte haben nur in den Sitzungen unmittelbare Einwirkungsrechte. Im Rahmen von Antragsinitiativen bei Akteneinsicht usw. gelten die Regelungen der Gemeindeordnung für Gemeinderäte. Auf die festgelegten Quoren wird hingewiesen (§ 24 GemO). Über diese politische Funktion hinaus hat der Ortschaftsrat auch wichtige Funktionen in der Verwaltung. Zu den wichtigsten Funktionen zählt ohne Frage die sachgerechte Interessenvertretung für die Ortschaft. Bei der Beschlussfassung hat der Ortschaftsrat dabei auch die Belange der Gesamtgemeinde, auf deren Wohl er ebenfalls verpflichtet ist, mit zu berücksichtigen.

Bei den Aufgaben des Ortschaftsrats differenziert der Gesetzgeber zwischen einer lediglich beratenden Mitwirkung (Beratungs-, Anhörungs- und Vorschlagsrechte, vgl. § 70 Abs. 1 GemO) und Entscheidungsbefugnissen (vgl. § 70 Abs. 2 GemO). Kraft Gesetzes sind dem Ortschaftsrat zunächst nur beratende Zuständigkeiten zugewiesen. Dazu zählt insbesondere die Beratung der örtlichen Verwaltung (§ 70 GemO), wobei die Beschlüsse des Ortschaftsrats nicht verbindlich sind, sondern Empfehlungscharakter haben. In allen Angelegenheiten, die die Ortschaft betreffen, hat das Gremium auch ein Vorschlagsrecht – mit diesem Vorschlag muss sich nach der Weiterleitung durch den Ortsvorsteher dann das zuständige Gemeindeorgan bzw. Gremium befassen. Von besonderer Bedeutung ist das Anhörungsrecht über alle wichtigen, die Ortschaft betreffenden Angelegenheiten, das bereits die Gemeindeordnung zwingend vorschreibt. Dem Ortschaftsrat steht zudem ein umfassendes Informationsrecht zu. Er kann sich mit allen von der örtlichen Verwaltung zu bearbeitenden Angelegenheiten befassen. Im Vergleich zum Gemeinderat, der sich nur zum Zwecke der ihm zustehenden Kontrolle informieren darf, steht dem Ortschaftsrat insofern auch das Recht der Willensbeeinflussung durch Beratung und Empfehlung der örtlichen Verwaltung zu. Darüber hinaus können vom Gemeinderat auf den Ortschaftsrat durch die Hauptsatzung Entscheidungsrechte übertragen werden.

1.1 Anhörungsrecht

Gegenstand der Anhörung sind die wichtigen Angelegenheiten, die die Ortschaft betreffen (§ 70 Abs. 1 GemO). Dies sind vor allem solche Angelegenheiten, die erhebliche Auswirkungen auf das örtliche Gemeinschaftsleben haben, aber nur für den Bereich der Ortschaft von besonderer Bedeutung sind. Dass die Entscheidung über eine bestimmte Angelegenheit auch Auswirkungen auf die Ortschaft haben könnte, ist für das Anhörungsrecht noch nicht allein ausreichend. Die Belange der Ortschaft müssen vielmehr ganz konkret tangiert sein.

Katalog für wichtige Angelegenheiten

Mögliche wichtige Angelegenheiten, zu denen der Ortschaftsrat zu hören ist, wenn die Ortschaft davon betroffen ist:

- Planung, Veränderung und Gestaltung des Ortsbilds;
- personelle Veränderungen in der örtlichen Verwaltung;
- Unterhaltung und Nutzung örtlicher Verwaltungsgebäude;
- Betrieb und Unterhaltung öffentlicher Einrichtungen, wie z.B. öffentlicher Personennahverkehr, Internetversorgung, Kläranlagen, Wasserversorgung u.a.;
- Unterhaltung, Nutzung, Bau und Betrieb von Park- und Sportanlagen;
- Benennung von Straßen, Wegen und Plätzen;
- Unterhaltung, Nutzung, Bau und Betrieb von Erholungseinrichtungen;
- Änderung der Hauptsatzung, durch die die Ortschaft unmittelbar berührt wird, z.B. Neuverteilung der Sitze im Gemeinderat im Rahmen der unechten Teilortswahl;
- Errichtung oder wesentliche Erweiterung öffentlicher Einrichtungen und Gemeindestraßen und Wirtschaftswege;
- Bewirtschaftung des Gemeindewaldes;
- Förderung des örtlichen Vereinslebens;
- Unterhaltung und Vermietung oder Verpachtung von Einrichtungen (Jugendfreizeitstätten, Kindergärten, Heimatmuseum, öffentliche Bibliothek, Sporteinrichtungen);
- Veranschlagung der Haushaltsmittel für die die Ortschaft betreffenden Angelegenheiten;
- Bestimmung und wesentliche Änderungen der Zuständigkeiten sowie die evtl. Aufhebung der örtlichen Verwaltung;
- Aufstellung, wesentliche Änderung und Aufhebung von Bauleitplänen, die Durchführung von Bodenordnungsmaßnahmen, Maßnahmen nach dem Städtebauförderungsgesetz und Förderprogramme für den ländlichen Raum;
- Friedhof- und Bestattungswesen;
- Verwaltung der Jagdgenossenschaft einschließlich Jagdverpachtung;
- Beeinträchtigungen oder Auswirkungen bei sonstigen Angelegenheiten, z.B. überörtliche Verkehrsplanungen, Windkraftanlagen, Emissions- und

Immissionsanlagen, durch die die Bewohner der Ortschaft tangiert werden können.

Es ist zur Verdeutlichung der gesetzlichen Anhörungsverpflichtung empfehlenswert, diesen oder einen daran orientierten Katalog wichtiger Angelegenheiten, zu denen der Ortschaftsrat zu hören ist, in die Hauptsatzung aufzunehmen.

Grundsätze für die Anhörung

Die Anhörung des Ortschaftsrats ist so rechtzeitig durchzuführen, dass die Beschlüsse des Ortschaftsrats noch Einfluss auf die Entscheidung der zuständigen Gemeindeorgane haben können. So erfordert es das Anhörungsrecht, dass der Bürgermeister den Ortsvorsteher über die fragliche Angelegenheit rechtzeitig und auf eine Weise unterrichtet, aus der sich unmissverständlich ergibt, dass der Ortschaftsrat zu der Angelegenheit angehört – also nicht etwa nur davon in Kenntnis gesetzt – wird und deshalb Anlass hat, zu entscheiden, ob er über die Angelegenheit beraten und beschlussfassen will (VGH Baden-Württemberg, Urteil vom 23.07.2020 – 1 S 1584/18). Wie viel Zeit hierfür notwendig ist, lässt sich, ebenso wie für Gemeinderatssitzungen, nicht generell, sondern nur im Einzelfall bestimmen (VG Karlsruhe, Urteil vom 25.1.2012 – 4 K 2622/10).

Durch die Anhörung dürfen bestimmte Fristen nicht überschritten werden. Beispiel hierfür ist zur Sicherung der Planungshoheit der Gemeinde die Erteilung des gemeindlichen Einvernehmens nach § 36 Baugesetzbuch. Wurde in der Hauptsatzung das gemeindliche Einvernehmen auf den Bürgermeister übertragen, entfällt grundsätzlich auch die Anhörung des Ortschaftsrats. Sichergestellt werden sollte dann, dass der Ortschaftsrat rechtzeitig vor Fristablauf über die Entscheidung informiert wird. Wenn es allerdings der Ortschaftsrat trotz rechtzeitiger Anhörung unterlässt, eine Stellungnahme abzugeben, dann können die Gemeindeorgane auch ohne Stellungnahme entscheiden – denn der Pflicht zur Anhörung wird bereits dann genügt, wenn der Ortschaftsrat die Möglichkeit zur ordnungsgemäßen Stellungnahme gehabt hat.

1.2 Unterlassung der Anhörung als wesentlicher Verfahrensfehler

Der Beschluss des Ortschaftsrats, mit dem er bei einer Anhörung Stellung nimmt, ist zwingend zum Beratungsgegenstand der Sitzung des Gemeinderats oder seiner beschließenden Ausschüsse zu machen. Auch beratenden Ausschüssen sollte das Beratungsergebnis des Ortschaftsrats zur Vermeidung der bereits dargestellten Konsequenz (evtl. nochmalige Beratung des Ausschusses, wenn der Ortschaftsrat zu einem anderen Ergebnis gekommen war) rechtzeitig vor deren Sitzungen zur Kenntnis gebracht werden. Die Stellungnahme des Ortschaftsrats muss in vollem Wortlaut einschließlich einer evtl. Begründung rechtzeitig mitgeteilt werden. Der Ortsvorsteher kann und sollte an den Sitzungen des Gemeinderats und seiner Ausschüsse mit beratender Stimme teilnehmen und dabei die Stellungnahme des Ortschaftsrats weiter erläutern. Hierfür ist dem Ortsvorsteher, wenn dieser dies für erforderlich hält, auch wiederholt das Wort zu erteilen.

Gemeinderat, beschließende und beratende gemeinderätliche Ausschüsse sowie der Bürgermeister sind jeweils zur Prüfung der Stellungnahme des Ortschaftsrats verpflichtet. Das jeweils zuständige Gemeindeorgan (Gemeinderat, Bürgermeister oder Oberbürgermeister) muss nach Abwägung weiterer Interessen nicht im Sinne der Stellungnahme des Ortschaftsrats entscheiden. Aufgrund der hervorgehobenen Stellung des Ortschaftsrats innerhalb der Gesamtgemeinde kann dieses Gremium dann jedoch erwarten, dass der Gemeinderat und seine Ausschüsse den Beschluss des Ortschaftsrats nicht nur durch eine abweichende Sachentscheidung überstimmen, sondern dass in einem solchen Falle auch ein ausdrücklicher Beschluss zu der Stellungnahme des Ortschaftsrats gefasst wird. Der Bürgermeister als zuständiges Gemeindeorgan hat dem Ortschaftsrat über die Verwaltung das Ergebnis der Prüfung und die getroffene Entscheidung mitzuteilen.

Auswirkungen unterlassener Anhörung

Das Unterlassen der vorgeschriebenen Anhörung, aus welchen Gründen auch immer, oder eine fehlerhaft durchgeführte Anhörung stellen einen wesentlichen Verfahrensfehler dar, der zur Rechtswidrigkeit eines vom Gemeinderat gefassten Beschlusses führt Der Gemeinderat kann deshalb eine Erörterung und Beschlussfassung über einen derartigen Beratungspunkt ablehnen; er kann aber auch evtl. gefasste Beschlüsse rückgängig machen, wenn sie noch nicht vollzogen sind. Auch der Bürgermeister müsste in einem solchen Falle eingreifen und den Beratungspunkt entweder zurückziehen oder einem evtl. Beschluss widersprechen, weil er rechtswidrig ist. Denkbar wäre auch eine Beanstandung des Beschlusses durch die Rechtsaufsichtsbehörde. Ein durch den Beschluss Betroffener kann, wenn aufgrund dieser Entscheidung ein Verwaltungsakt ergangen ist, Widerspruch und Klage gegen den Verwaltungsakt erheben. Weitere Konsequenzen könnten die Einlegung einer Dienstaufsichtsbeschwerde mit dem Antrag auf Beanstandung durch die Rechtsaufsichtsbehörde sein. Unabhängig von diesen möglichen Rechtswirkungen hat auch der Ortschaftsrat Anfechtungsmöglichkeiten. Er kann die Behandlung des Gegenstandes – auch wenn der Gemeinderat schon zuvor ohne Einschaltung des Ortschaftsrats entschieden haben sollte – eine Behandlung und Information des Ortschaftsrats nach § 72 i.V. mit §§ 24 und 34 GemO z.B. über ein Kommunalverfassungsstreitverfahren erzwingen.

1.3 Vorschlagsrecht

Neben dem Anhörungsrecht hat der Ortschaftsrat auch ein Vorschlagsrecht in allen Angelegenheiten, die die Ortschaft betreffen (§ 70 Abs. 1

GemO). Die bürgerschaftliche Ortschaftsvertretung kann insofern von sich aus Initiativen ergreifen und Maßnahmen beschließen, die dann dem jeweils zuständigen Gemeindeorgan zur endgültigen Entscheidung vorzulegen sind. Beispiele hierfür sind insbesondere Mittelanforderungen für bestimmte Maßnahmen, die in den künftigen Haushalt der Gemeinde eingestellt werden sollen. Häufig werden auch verkehrsrechtliche Vorschläge eingebracht und dem Bürgermeister als zuständige Ortspolizeibehörde bzw. Straßenverkehrsbehörde zur weiteren Veranlassung vorgelegt. Das Vorschlagsrecht des Ortschaftsrats ist breit gefächert und nicht – wie das Anhörungsrecht – auf „wichtige" Angelegenheiten begrenzt. Allerdings muss sich – wie bei der Anhörung des Ortschaftsrats – die aufgegriffene Maßnahme konkret auf die Ortschaft auswirken oder Auswirkungen auf die Ortschaft haben. Anträge auf Beschlussfassung solcher Vorschläge können der Ortsvorsteher, eine Fraktion oder ein Sechstel der Ortschaftsräte im Ortschaftsrat einbringen; sie sollen auch die Gesamtinteressen der Gemeinde berücksichtigen. Dies gilt insbesondere für Vorschläge, die sich finanziell auswirken. Die Vorschläge des Ortschaftsrats sind vom zuständigen Gemeindeorgan pflichtgemäß zu prüfen und wie die Stellungnahme des Ortschaftsrats bei Anhörungen zu behandeln. Auf diese Ausführungen wird verwiesen.

1.4 Entscheidungszuständigkeiten

Allgemeines

Dem Ortschaftsrat sind kraft Gesetzes keine (originären) Beschluss- bzw. Entscheidungszuständigkeiten zugewiesen. Die Regelungen über die Ortschaftsverfassung in der Gemeindeordnung stellen es vielmehr in das Ermessen des Gemeinderats, ob und in welchem Umfang er selbstständige Entscheidungszuständigkeiten per Hauptsatzung auf den Ortschaftsrat überträgt. Bei der Zuständigkeitsübertragung auf den Ortschaftsrat ergibt sich in der kommunalen Praxis – entsprechend der unterschiedlichen Verhältnisse vor Ort – kein einheitliches Bild.

Grund hierfür dürfte auch die besondere Verwaltungsform sein, die mit der Ortschaftsverfassung in Baden-Württemberg eingeführt worden ist. Danach dürfen die Ortschaften nicht so weit verselbstständigt werden, dass die Funktionen der Einheitsgemeinde infrage gestellt werden könnten. Obgleich diese verfassungsrechtlich gezogenen Grenzen die Gestaltungsmöglichkeiten einengen, lassen sich bis auf relativ wenige Ausnahmen zahlreiche Zuständigkeiten nach dem geltenden Recht auf Ortschaftsrat und Ortsvorsteher übertragen. Die Diskussion und die Forderung, die Zuständigkeiten der Ortschaftsräte gesetzlich zu erweitern, sollten im Interesse der Ortschaften und der Gesamtgemeinden unterbleiben. Völlig ausreichend hat das Innenministerium Baden-Württemberg als Anlage zu einem früheren Erlass zur Ortschaftsverfassung einen Katalog zur möglichen Übertragung von Sachentscheidungsbefugnissen und ggf. der Mittelbewirtschaftungsbefugnis auf den Ortschaftsrat veröffentlicht, der nachstehend im Wortlaut wiedergegeben ist.

Katalog möglicher Entscheidungsrechte

Mögliche Zuständigkeiten für Sachentscheidungen:

- Allgemeines
  z.B. Pflege des Ortsbilds.
- Personalwesen
  Ernennung, Anstellung und Entlassung der hauptsächlich in der örtlichen Verwaltung eingesetzten Gemeindebediensteten.
- Ausgestaltung, Unterhaltung und Benutzung von Einrichtungen und Anlagen einschließlich Gemeindestraßen und Wasserläufen, soweit deren Bedeutung nicht über den Bereich der Ortschaft hinausgeht:
  - örtliche Verwaltungsgebäude (laufende Unterhaltung und Nutzung);
  - örtlicher Gesundheitsdienst (Gemeindeschwester, Krankenpflegestation [heute: Sozialstation]);
  - Kläranlage (soweit nicht zentralörtlich wahrgenommen);
  - Wasserversorgung (Unterhaltung und Betrieb, soweit nicht zentralörtlich wahrgenommen);
  - örtliche Waage;
  - örtliche Parkanlagen und Grünflächen;
  - Hallen (laufende Unterhaltung, Nutzung, Betrieb);
  - Fremdenverkehrseinrichtungen;
  - kulturelle Einrichtungen.
- Vermögensangelegenheiten, insbesondere
  - die Veräußerung und dingliche Belastung, der Erwerb und Tausch von Grundeigentum oder grundstücksgleichen Rechten einschließlich der Ausübung vertraglicher Vorkaufsrechte (wertmäßig begrenzt);
  - Verträge über die Nutzung von Grundstücken oder beweglichem Vermögen bis zu einem bestimmten jährlichen Mietwert oder Pachtwert (Vermietung gemeindeeigener Wohnungen in unbeschränkter Höhe);
  - die Veräußerung von beweglichem Vermögen (wertmäßig begrenzt);
  - bei der Errichtung oder wesentlichen Erweiterung öffentlicher Einrichtungen; die Vergabe der Lieferungen und Leistungen für die Bauausführung sowie die Anerkennung der Schlussabrechnung;
  - Bewirtschaftung des Gemeindewaldes.
- Finanzwesen
  Ausübung der Bewirtschaftungsbefugnis innerhalb der in dieser Übersicht bezeichneten Angelegenheiten.
- Kultur und Sport
  - Förderung des örtlichen Vereinswesens, z.B. die Gewährung von Zuschüssen an Vereine im Rahmen der Ansätze der einzelnen Haushaltstitel, insbesondere in den Einzelplänen 3 bis 5;

  - Unterhaltung, Vermietung und Verpachtung kultureller Einrichtungen in der Ortschaft, z.B. örtliche Schulen (laufende Unterhaltung, Reinigung), Jugendfreizeitstätten, Kindergärten, Heimatmuseen, Ortsbibliothek (auch Öffnungszeiten), örtliche Sporteinrichtungen (Turnhalle, Freibad, Sportplatz usw.)
- Feuerwehrwesen, z.B. laufende Unterhaltung
- Friedhofs- und Bestattungswesen
- Sonstiges
  - Vatertierhaltung;
  - Verwaltung der Jagdgenossenschaft einschließlich der Jagdverpachtung (wenn zuvor auf den Gemeinderat übertragen);
  - Schafweide.

Es entspricht grundsätzlich den Zielen, die mit der Einführung der baden-württembergischen Ortschaftsverfassung verfolgt wurden und weiterhin verfolgt werden, dass dem Ortschaftsrat Entscheidungszuständigkeiten, wie sie im vorstehenden Katalog dargestellt sind, übertragen werden. Welche Entscheidungszuständigkeiten jedoch tatsächlich übertragen werden, hängt letztlich von den besonderen örtlichen Verhältnissen und von der Abwägung aller Umstände des Einzelfalls ab.

Maßgebend sind dabei vor allem folgende örtliche Verhältnisse:

- die Größe der Gemeinde,
- die Größe und die Anzahl der Ortschaften in der Gemeinde,
- die Entfernung der Ortschaften vom Zentralort,
- die dem Ortsvorsteher und der örtlichen Verwaltung übertragenen Angelegenheiten,
- die finanziellen Möglichkeiten der Gemeinde,
- der finanzielle Bedarf in der Ortschaft, insbesondere die für die Errichtung und Unterhaltung von kulturellen und anderen Einrichtungen in der Ortschaft benötigten Mittel,
- das Bestehen einer örtlichen Verwaltung und ihre Ausstattung.

Bei einer Entscheidung durch den Gemeinderat müssen alle Einzelgesichtspunkte im Zusammenhang beurteilt werden. Dass die Übertragung von Entscheidungszuständigkeiten zur Komplizierung der Gemeindeverwaltung führen kann, ist nicht auszuschließen. Dennoch sollte nach Abwägung der für die Ortschaftsverfassung formulierten Ziele und Grenzen und unter Berücksichtigung der örtlichen Verhältnisse im Interesse der Erhaltung der bürgerschaftlichen Selbstverwaltung in den Ortschaften und zugunsten objektnaher Entscheidungen dem Ortschaftsrat wenn nicht alle, so doch realisierbare Entscheidungszuständigkeiten nicht vorenthalten werden.

Bewirtschaftung von Haushaltsmittel

Denkbar ist es, dem Ortschaftsrat im Rahmen der ihm zur Verfügung gestellten Haushaltsmittel entsprechende Angelegenheiten zur selbstständigen Entscheidung zu übertragen. Bei den Zuständigkeiten für die Bewirtschaftung von Haushaltsmittel ist insbesondere zu denken an gesellschaftliche und kulturelle Aufgaben in der Ortschaft wie z. B. die Förderung von örtlichen Vereinen oder auch die Pflege des Ortsbildes. Die Befugnis zur Mittelbewirtschaftung nach dem Haushaltsplan wurde vor diesem Hintergrund damals vom Innenministerium ebenfalls in den möglichen Zuständigkeitskatalog aufgenommen. Wer zur Mittelbewirtschaftung befugt ist, kann Verbindlichkeiten eingehen, Forderungen begründen und über Haushaltsmittel verfügen. Die Mittelbewirtschaftungsbefugnis kann jedoch nur in Verbindung mit Sachentscheidungszuständigkeiten übertragen werden. Außerdem sind bei der Übertragung der Mittelbewirtschaftung das Gemeindewirtschaftsrecht und die dort vorgegebenen Beschränkungen zu beachten. Der Ortschaftsrat kann die vom Gemeinderat beschlossenen Haushaltsansätze nicht verändern; unzulässig ist insbesondere die Übertragung „eigener" Haushaltszuständigkeiten auf den Ortschaftsrat. Dies aus dem Grund, dass für die gesamte Gemeinde nur ein einziger Haushaltsplan aufgestellt werden kann.

Neben den allgemeinen Grenzen der Ortschaftsverfassung selbst sind auch durch die haushaltsrechtlichen Vorschriften (siehe hierzu §§ 77 ff. GemO) Grenzen für die Ausgestaltung der Ortschaftsverfassung gezogen und zu beachten. Danach sind Teilhaushaltspläne für Ortschaften unzulässig. In den Gemeinden darf nur ein einheitlicher Haushaltsplan aufgestellt werden, in dem alle finanzrelevanten Haushaltsdaten zusammengefasst sind. Nach dem Haushaltsgrundsatz der Einheitlichkeit und Vollständigkeit sind besondere Pläne für einzelne Teile der Verwaltung oder gar selbstständige Teilhaushaltspläne für rechtlich unselbstständige Ortschaften unzulässig. Besonders zu beachten ist auch der Grundsatz einer sparsamen und wirtschaftlichen Verwaltung und der daraus abgeleitete Grundsatz eines rationellen und planmäßigen Mitteleinsatzes. Haushaltsmittel sind danach effektiv einzusetzen und so zu bewirtschaften, dass sie über das ganze Jahr verteilt eine zügige und beständige Aufgabenerfüllung sicherstellen. Dies kann nur erreicht werden, wenn die Einheitlichkeit des dem Gemeinderat zustehenden Budgetrechts unangetastet bleibt und im Übrigen eine überschaubare wirksame Koordination aller finanzrelevanten Vorgänge gewährleistet ist.

Für die Ausgestaltung der Ortschaftsverfassung gilt damit:

- Die Schaffung einer eigenen Finanzhoheit und damit eines eigenen Etatrechts für die Ortschaft ist ausgeschlossen. Deshalb sind auch Teilhaushaltspläne für die Ortschaft unzulässig.
- Es ist nicht zulässig, den Ortschaften Haushaltsmittel zur eigenen „freien Verfügung" zuzuweisen. Eine Zuweisung ist nur im Rahmen der zur Entscheidung übertragenen Aufgaben möglich. Der Haushaltsgrundsatz der sachlichen Spezialität verlangt, dass die Ausgaben nach hinreichend bestimmten Einzelzwecken zu veranschlagen sind.

- Der Ortschaftsrat hat ein Anhörungsrecht bei der Aufstellung des Haushaltsplans und gleichzeitig auch ein Vorschlagsrecht. Dies bedeutet, dass der Ortschaftsrat umfassend und rechtzeitig beim Verfahren zur Aufstellung des Haushaltsplans beteiligt wird; er soll bereits bei der Aufstellung des Entwurfs Gelegenheit erhalten – und dies in aller Regel schon vor der Beratung durch die Ausschüsse des Gemeinderats –, zum Haushaltsentwurf Wünsche und Vorschläge einzubringen.

1.5 Von der Übertragung ausgeschlossene Zuständigkeiten

Die Ausgestaltung der Ortschaftsverfassung im Rahmen des gesetzlich Möglichen ist insgesamt nur in relativ wenigen Gemeinden verwirklicht. Zusätzlich wurden dennoch weitere Zuständigkeitsforderungen erhoben, für die jedoch eine Ermächtigung zur Übertragung fehlt, oder die im Widerspruch zu den Bestimmungen der Gemeindeordnung und anderer Gesetze stehen.

Nach § 70 Abs. 2 GemO können folgende Angelegenheiten dem Ortschaftsrat **nicht** zur Entscheidung übertragen werden:

- Angelegenheiten, die nach § 39 Abs. 2 GemO auch nicht auf beschließende Ausschüsse des Gemeinderats übertragen werden können. Dies sind folgende Angelegenheiten:
  1. die Bestellung der Mitglieder von Ausschüssen des Gemeinderats, der Stellvertreter des Bürgermeisters, der Beigeordneten sowie Angelegenheiten nach § 24 Abs. 2 Satz 1 bei leitenden Gemeindebediensteten;
  2. die Übernahme freiwilliger Aufgaben;
  3. der Erlass von Satzungen und Rechtsverordnungen;
  4. die Änderung des Gemeindegebiets;
  5. die Entscheidung über die Durchführung eines Bürgerentscheids oder die Zulässigkeit eines Bürgerbegehrens;
  6. die Verleihung und der Entzug des Ehrenbürgerrechts;
  7. die Regelung der allgemeinen Rechtsverhältnisse der Gemeindebediensteten;
  8. die Übertragung von Aufgaben auf den Bürgermeister;
  9. das Einvernehmen zur Abgrenzung der Geschäftskreise der Beigeordneten;
  10. die Verfügung über Gemeindevermögen, die für die Gemeinde von erheblicher wirtschaftlicher Bedeutung ist;
  11. die Errichtung, wesentliche Erweiterung und Aufhebung von öffentlichen Einrichtungen und von Unternehmen sowie die Beteiligung an solchen;
  12. die Umwandlung der Rechtsform von öffentlichen Einrichtungen und von Unternehmen der Gemeinde und von solchen, an denen die Gemeinde beteiligt ist;

13. die Bestellung von Sicherheiten, die Übernahme von Bürgschaften und von Verpflichtungen aus Gewährverträgen und den Abschluss der ihnen wirtschaftlich gleichkommenden Rechtsgeschäfte, soweit sie für die Gemeinde von erheblicher wirtschaftlicher Bedeutung sind;
14. den Erlass der Haushaltssatzung und der Nachtragshaushaltssatzungen, die Feststellung des Jahresabschlusses und des Gesamtabschlusses, die Wirtschaftspläne und die Feststellung des Jahresabschlusses von Sondervermögen;
15. die allgemeine Festsetzung von Abgaben;
16. der Verzicht auf Ansprüche der Gemeinde und die Niederschlagung solcher Ansprüche, die Führung von Rechtsstreiten und den Abschluss von Vergleichen, soweit sie für die Gemeinde von erheblicher wirtschaftlicher Bedeutung sind;
17. der Beitritt zu Zweckverbänden und den Austritt aus diesen und
18. die Übertragung von Aufgaben auf das Rechnungsprüfungsamt und
19. die Beteiligung an einem körperschaftlichen Forstamt nach § 47a des Landeswaldgesetzes.

- Vorlage- und genehmigungspflichtige Beschlüsse;
- Angelegenheiten, die nicht allein die Ortschaft betreffen;
- Aufgaben, die nicht dem Gemeinderat, sondern nach § 44 GemO dem Bürgermeister obliegen, einschließlich der Weisungsaufgaben.

Es ist ferner nicht möglich,

- den Ortschaftsrat einem beschließenden Ausschuss gleichzustellen;
- dass Entscheidungen des Gemeinderats des Einvernehmens des Ortschaftsrats bedürfen;
- eine gemeindliche Rechtsetzungsbefugnis für den Ortschaftsrat, z.B. zur Aufstellung von Bebauungsplänen für die Ortschaft zu erteilen;
- dem Ortschaftsrat ein eigenes Etatrecht einzuräumen, das über die beschriebenen Möglichkeiten zur Budgetierung hinausreicht;
- das nach dem Baugesetzbuch erforderliche Einvernehmen der Gemeinde auf die Ortschaft zu übertragen. Das Anhörungsrecht bleibt davon unberührt (siehe auch Teil II, Abschnitt 1.1 – Grundsätze für die Anhörung).

1.6 Ortschaftsrat als Initiator bürgerschaftlicher Mitwirkung

Auch ohne die Übertragung tatsächlicher Entscheidungszuständigkeiten nach den kommunalverfassungsrechtlichen Möglichkeiten hat der Ortschaftsrat eine Fülle von Aufgaben und Gestaltungsmöglichkeiten, die er zum Wohle der Ortschaft und seiner Bürger und Einwohner nutzen kann und soll. Nach allen bisherigen Erfahrungen erreicht dasjenige Gremium am meisten, das aktiv, aber auch mit Augenmaß, seine Interessen vertritt. Dabei sind vor allem Sachlichkeit, Sachverstand und Eigeninitiative, gepaart mit der erwünschten Ortskenntnis, die besten Garanten für eine sinnvolle Weiterentwicklung der Ortschaft.

Eine der wichtigsten, wenn nicht gar die wichtigste Aufgabe des Ortschaftsrats und seiner Mitglieder ist die Kontaktpflege mit den Bürgern der Ortschaft. Wo es dem Ortschaftsrat als bürgerschaftlicher Vertretung gelungen ist, die Bürger auch von der Notwendigkeit zur aktiven Mitwirkung zu überzeugen, sind die besten Rahmenbedingungen für die gedeihliche Entwicklung der Ortschaft gegeben. Und die Bürger sind zur Mitarbeit bereit, wenn sie rechtzeitig und umfassend in den Entscheidungsprozess des Ortschaftsrats einbezogen werden. Das bürgerschaftliche Engagement wird durch das Vorbild der gewählten Vertreter im Ortschaftsrat angeregt.

Zahlreiche positive Beispiele belegen, dass das, was zu Zeiten der Selbstständigkeit der heutigen Ortschaften vielfach selbstverständlich war, nämlich nicht nur zu fordern, sondern das Allgemeinwohl zu fördern, selbst einmal (oder mehrmals) und überzeugt Hand anzulegen, in gut funktionierenden Ortschaften auch heute noch bzw. wieder möglich ist.

In zahlreichen Ortschaften Baden-Württembergs kam es so zu beachtlichen Leistungen. Beispielhaft seien hierfür genannt:

- Reinigung von Wegen, Wasserläufen, Wäldern usw. (Patenschaften);
- Schaffung von Naherholungseinrichtungen und Anlegung sowie Unterhaltung von Grünflächen in der Ortschaft;
- Erhaltung denkmalgeschützter Gebäude und von Kleindenkmalen und sonstiger Gebäude der Gemeinde;
- Realisierung von öffentlichen Einrichtungen, wie z.B. Dorfgemeinschaftshäusern, Feuerwehrhäusern, Kindergärten, Sportanlagen, Spielplätzen, Grillplätzen, Bau von Aussegnungshallen usw.

Solche Initiativen, die um zahlreiche Beispiele erweitert werden könnten, beschränken sich in aller Regel nicht nur auf die Erbringung von Arbeitsleistungen, sondern beinhalten sehr oft auch Anstrengungen zur Mitfinanzierung der Maßnahmen durch Spenden und Sammlungen. Zunehmend werden auch Heimat- und Dorffeste veranstaltet, deren Reinerlöse für solche Zwecke verwendet werden.

Dadurch wird zweierlei erreicht:

- Dorf- und Heimatfeste fördern in den Ortschaften das gewollte und angestrebte Selbstbewusstsein und das örtliche Brauchtum;
- die Verwendung der Reinerlöse für allgemeine öffentliche Zwecke und erbrachte Arbeitsleistungen fördert einen berechtigten Stolz der Bürger, damit auch das bürgerschaftliche Zusammenleben und vermeidet Identitätskrisen mit all ihren Problemen.

Nicht zuletzt deshalb sollten Ortschaftsrat und Ortsvorsteher neben der Anregung von Heimat- und Dorffesten auch weiter gehende Aktionen für Heimat-, Brauchtums- und Denkmalpflege anstoßen und fördern. Hierfür benötigen die Organe der Ortschaft keine kommunalverfassungsrechtlich abgesicherten Entscheidungszuständigkeiten, sondern eher viel Energie, aber auch Einfühlungsvermögen. Der Ortschaftsrat, der die Bürgerschaft von der Mitwirkungsnotwendigkeit überzeugen konnte, wird für die Ortschaft viel durchsetzen können. Die Gesamtgemeinde, Bürgermeister und Gemeinderat, dürften in aller Regel für Maßnahmen funktionierender bürgerschaftlicher Initiativen Zuschüsse für Natur und Umwelt, soziale Einrichtungen, Denkmalpflege und vieles mehr nicht verweigern, sondern im Rahmen der finanziellen Möglichkeiten auch für solche Maßnahmen zur Verfügung stellen, die sonst nicht so schnell verwirklicht worden wären.

Wichtig für die Ortschaften ist eine sachlich fundierte Öffentlichkeitsarbeit. Auch sie trägt dazu bei, dass die Bürger, die in der Ortschaft wohnen, den Kontakt zur und das Interesse an der Ortschaftspolitik nicht verlieren. Nur so können letztlich diese Bürger auch zur gesamten Kommune eine positive Einstellung entwickeln.

2. Ortsvorsteher

Dem Ortsvorsteher kommt bei der Wahrnehmung seiner vielfältigen Funktionen, Aufgaben und Zuständigkeiten eine besondere Verantwortung für das Funktionieren der Ortschaftsverfassung zu; er muss vor allem in der Lage sein, sowohl zwischen der Ortschaft und der Gesamtgemeinde, aber auch innerhalb der Ortschaft und dem Ortschaftsrat auftretende unterschiedliche Interessen auszugleichen. Nach außen wirken kann lediglich der Ortsvorsteher. Einzelnen Ortschaftsräten steht kein Einflussrecht gegenüber Dritten zu, weder bei der Realisierung von Aufträgen noch z.B. beim gemeindlichen Einvernehmen in Bausachen.

2.1 Funktionen des Ortsvorstehers

Der Ortsvorsteher ist neben dem Ortschaftsrat bürgerschaftlicher Funktionsträger der Ortschaft; er hat aber auch eine nicht immer einfache Doppelfunktion wahrzunehmen. Für die Ortschaft ist der Ortsvorsteher Interessenvertreter und Vertrauensmann. Zusätzlich ist er aber auch mit vielen verantwortungsvollen Aufgaben der Gemeindeverwaltung betraut. Kraft seines Amtes ist der Ortsvorsteher dadurch nicht nur der Ortschaft, sondern auch der Gesamtgemeinde in der Regel als Ehrenbeamter und ständiger Vertreter des Bürgermeisters bzw. Oberbürgermeisters bei dem Vollzug der Beschlüsse des Ortschaftsrats und bei der Leitung der örtlichen Verwaltung vor Ort in besonderer Weise verpflichtet. Zusammen mit dem Ortschaftsrat hat er als dessen Vorsitzender den örtlichen Interessen – allerdings nur im Rahmen der Gesamtinteressen der Gemeinde – zur Geltung zu verhelfen.

Das Ansehen und die im Rahmen der Gesamtgemeinde mögliche positive Entwicklung der Ortschaft wird maßgeblich von der Person des Ortsvorstehers geprägt. Seiner Tatkraft und seinem Geschick kommt dabei eine wesentliche Bedeutung zu. Vertrauensvolle und konstruktive Zusammenarbeit mit den zuständigen Gemeindeorganen muss und sollte für die Arbeit des Ortsvorstehers selbstverständlich sein. Diese Aufgabe stellt besondere Anforderungen an die Person des Ortsvorstehers; denn einerseits soll er die Belange der Ortschaft – und ihrer Bewohner – vertreten, andererseits wird er aber vom Hauptorgan der (Gesamt-)Gemeinde gewählt bzw. bestellt (siehe Teil IV). Einen dadurch etwa entstehenden Interessenkonflikt muss der Ortsvorsteher sachlich bewältigen. Eine unmittelbare demokratische Legitimation durch eine Volkswahl wie bei der Wahl des Bürgermeisters/Oberbürgermeisters wäre dem Amt des Ortsvorstehers nicht angemessen; die Gefahr der „Frontenbildung“ und der Fehleinschätzung über die Position des Ortsvorstehers wäre dadurch zu groß.

2.2 Zuständigkeiten des Ortsvorstehers

Vorsitz im Ortschaftsrat

Der Ortsvorsteher hat den Vorsitz im Ortschaftsrat (§ 69 Abs. 3 GemO); er kann dabei nur von seinem allgemeinen Stellvertreter vertreten werden. Als Vorsitzender des Ortschaftsrats verfügt der Ortsvorsteher gemäß § 72 GemO über die Befugnisse, die der Bürgermeister im Gemeinderat hat (v.a. Vorbereitung der Sitzung, Einberufung und Leitung der Sitzungen, Widerspruchsrecht, Eilentscheidungsrecht und Befugnis, bei Beschlussunfähigkeit des Ortschaftsrats anstelle des Ortschaftsrats zu entscheiden).

Eine Besonderheit besteht für den Ortsvorsteher in Bezug auf sein Stimmrecht bei Beschlussfassungen nach § 37 GemO: So regelt § 72 Satz 2 Nr. 2 GemO, dass der Ortsvorsteher, der nicht selbst Ortschaftsrat ist, kein Stimmrecht bei Beschlussfassungen nach § 37 GemO hat. Etwas anderes gilt bei einem Ortsvorsteher, der aus der Mitte des Ortschaftsrats kommt – in diesem Fall ergibst sich das Stimmrecht des Ortsvorstehers aus seinem Ortschaftsratsmandat.

Der Bürgermeister kann an den Sitzungen des Ortschaftsrates – seien sie öffentlich oder nicht öffentlich – beratend teilnehmen, jedoch ist er nicht stimmberechtigt. Gemäß § 69 Abs. 4 Satz 1 GemO ist dem Bürgermeister, wenn er an der Sitzung des Ortschaftsrats teilnimmt, vom Vorsitzenden auf Verlangen jederzeit das Wort zu erteilen. Mit beratender Stimme können auch Gemeinderäte teilnehmen, die in der Ortschaft wohnen und nicht zugleich Ortschaftsräte sind (§ 69 Abs. 4 Satz 2 GemO). In Gemeinden mit unechter Teilortswahl bezieht sich dieses Teilnahmerecht auf alle Ortschaften, die zum Wohnbezirk gehören, für den ein Gemeinderat gewählt ist. Es ist ihnen jedoch verwehrt, den Vorsitz im Ortschaftsrat zu übernehmen, da dieses Gremium eigenständige Funktionen für die Ortschaft wahrzunehmen hat.

Der Ortsvorsteher unterliegt in seiner eigenständigen Funktion als Vorsitzender des Ortschaftsrats grundsätzlich nicht den Weisungen des Bürgermeisters. Entscheidend bleibt allein die sachliche Beurteilung durch den Ortsvorsteher. Nur bei Widersprüchen gegen Beschlüsse des Ortschaftsrats und bei der Durchführung einer Eilentscheidung anstelle des Ortschaftsrats hat der Bürgermeister ein Weisungsrecht gegenüber dem Ortsvorsteher (§ 71 Abs. 3 Satz 3 GemO). Insofern ist die Position des Ortsvorstehers beispielsweise im Vergleich zum Bezirksvorsteher wesentlich stärker ausgestaltet. In den Bezirksbeiräten führt grundsätzlich der Bürgermeister oder der von ihm Beauftragte – dies kann der Bezirksvorsteher sein – den Vorsitz. In Städten über 100 000 Einwohner können Bezirksbeiräte direkt gewählt werden. Es gelten dann die Bestimmungen der Ortschaftsverfassung, und der Bezirksvorsteher hat die gleichen Zuständigkeiten wie der Ortsvorsteher.

Gemäß § 71 Abs. 4 GemO können Ortsvorsteher an den Verhandlungen des Gemeinderats und seiner Ausschüsse mit beratender Stimme teilnehmen. Aus diesem Grund muss dem Ortsvorsteher die Einladung mit der Tagesordnung übersandt werden.

Vertretung des Bürgermeisters

Der Ortsvorsteher vertritt den Bürgermeister bzw. den Beigeordneten in dessen Geschäftsbereich kraft Gesetzes als ständiger Stellvertreter, und zwar

- beim Vollzug der Beschlüsse des Ortschaftsrats und
- bei der Leitung der örtlichen Verwaltung.

Von besonderer und hervorgehobener Bedeutung ist dabei, dass dieses Vertretungsrecht nicht auf die Fälle der Verhinderung des Bürgermeisters und der Beigeordneten beschränkt ist, sondern auch dann besteht, wenn sich diese im Amt befinden. Der Ortsvorsteher unterliegt bei der Wahrnehmung dieser Aufgaben allerdings den Weisungen des Bürgermeisters bzw. denen des für den Geschäftskreis zuständigen Beigeordneten, und zwar uneingeschränkt.

Leitung der örtlichen Verwaltung

Bei der Wahrnehmung der Stellvertretung in der Leitung der örtlichen Verwaltung erwächst dem Ortsvorsteher keine Zuständigkeit zur Sachentscheidung. Er ist als ständiger stellvertretender Leiter der örtlichen Verwaltung lediglich für die sachgemäße Erledigung der Aufgaben durch die Verwaltungsstelle und für den ordnungsgemäßen Ablauf der Verwaltung verantwortlich sowie für die Regelung ihrer inneren Organisation zuständig. Denkbar wäre allerdings, dass der Bürgermeister den Ortsvorsteher mit seiner Vertretung für abgegrenzte Aufgabengebiete oder einzelne Angelegenheiten seines Zuständigkeitsbereichs beauftragt (§ 53 Abs. 1 GemO) und der Ortsvorsteher damit auch Sachentscheidungsbefugnisse erhält. Eine solche Beauftragung wird sich vor allem auf Angelegenheiten, die ausschließlich die Ortschaft betreffen, beschränken. Solche Beauftragungen kommen hauptsächlich für hauptamtliche Ortsvorsteher infrage. Bei ehrenamtlichen Ortsvorstehern sind solche Beauftragungen wegen des Zeitaufwands meist nur eingeschränkt möglich, aber nicht ausgeschlossen.

Vertretung der Gemeinde durch den Ortsvorsteher

Der Ortsvorsteher hat das Ergebnis der Beschlussfassung durch den Ortschaftsrat bei den Organen der Gemeinde einzubringen. Auch der Vollzug von Beschlüssen für Angelegenheiten, für die dem Ortschaftsrat durch die Hauptsatzung die Entscheidungszuständigkeit übertragen wurde, obliegt dem Ortsvorsteher. Die Vertretungsbefugnis erstreckt sich dabei auch auf die Abgabe von Willenserklärungen für die Gemeinde, und zwar auf den Gebieten des öffentlichen und des privaten Rechts sowie auf die Erteilung von Einnahme- und Auszahlungsanordnungen (Bewirtschaftungsbefugnis). Letzteres kann vom Bürgermeister allerdings bei entsprechender Kassenlage beschränkt werden. Der Ortsvorsteher kann sich beim Vollzug der Beschlüsse des Ortschaftsrats von seinem Stellvertreter, aber auch durch die Gemeindeverwaltung vertreten lassen. Wenn er dies nicht will (Vertretung durch die Verwaltung), hat er das durch entsprechende Willenserklärung mitzuteilen. Keinesfalls kann ihm der gesetzlich zugewiesene Zuständigkeitsbereich entzogen werden. Soweit die Beschlusszuständigkeit des Ortschaftsrats reicht, hat der Ortsvorsteher die Möglichkeit, Eilentscheidungen zu treffen; er hat auch erforderlichenfalls die Pflicht, Widerspruch gegen Beschlüsse des Ortschaftsrats zu erheben. Bei Beschlüssen, die sich für die Ortschaft nachteilig auswirken, kann er, bei rechtswidrigen Beschlüssen muss er Widerspruch erheben. In beiden Fällen haben Bürgermeister und ggf. Beigeordnete die Möglichkeit, Weisungen zu erteilen, an die der Ortsvorsteher gebunden ist.

Die Weisung des Bürgermeisters und der Beigeordneten kann nur die eigentliche Anordnung zum Inhalt haben, dass der Ortsvorsteher bestimmte Entscheidungen zu treffen oder bestimmtes Handeln zu unterlassen habe. Ein Selbsteintrittsrecht, wie z.B. die eigene Bearbeitung oder die Aufhebung einer Entscheidung, für die der Ortsvorsteher allein zuständig ist, hat der Bürgermeister bzw. der Beigeordnete nicht. Beachtet der Ortsvorsteher die Weisungen nicht, kann er disziplinarrechtlich belangt werden.

Vorbereitung und Einberufung von Sitzungen

Der Ortsvorsteher ist für die Vorbereitung, Einberufung und Leitung der Ortschaftsratssitzungen allein zuständig. Der Bürgermeister kann daher nur anregen, aber nicht anordnen, eine Sitzung des Ortschaftsrats einzuberufen und bestimmte Beratungsgegenstände zu behandeln. Die Folge davon ist aber auch, dass der Ortsvorsteher eine besondere Verantwortung für einen ordnungsgemäßen Sitzungsablauf hat. Bei groben Verstößen könnte der Ortsvorsteher disziplinarrechtlich belangt und evtl. auch zum Schadenersatz herangezogen werden, insbesondere dann, wenn durch grob fahrlässiges Nichteinberufen des Ortschaftsrats Nachteile oder Schäden für die

Gemeinde entstanden sind. Zum Verfahrensablauf über die Durchführung von Sitzungen des Ortschaftsrats wird auf die Teile III und V verwiesen.

Sachentscheidungsbefugnisse

Der Ortsvorsteher hat bei seinen gesetzlichen Zuständigkeiten – genau wie der Ortschaftsrat – keine Sachentscheidungsbefugnisse. Der Bürgermeister kann jedoch, wie bereits dargestellt, den Ortsvorsteher mit seiner Vertretung beauftragen und ihn dadurch mit Sachentscheidungsbefugnissen bei dieser Vertretung ausstatten. In der Praxis wird dies äußerst unterschiedlich gehandhabt. In der Regel sind die Ortsvorsteher mit der Wahrnehmung der Geschäfte der laufenden Verwaltung, mit Aufgaben im Personalwesen der örtlichen Verwaltung, dem Vollzug des Haushaltsplans und Repräsentationsaufgaben beauftragt.

Sind dem Ortschaftsrat Sachentscheidungsbefugnisse übertragen, obliegt dem Ortsvorsteher in diesem Rahmen auch der Vollzug entsprechender Beschlüsse. Zu den Angelegenheiten, mit deren Wahrnehmung, ggf. einschließlich der Mittelbewirtschaftungsbefugnisse, der Bürgermeister in geeigneten Fällen den Ortsvorsteher beauftragen kann, vgl. den Erlass des Innenministeriums zur Ortschaftsverfassung vom 12.05.1978 (GABl. S. 465 – außer Kraft getreten). Die Zusammenfassung ist nachstehend im Wortlaut wiedergegeben.

Katalog möglicher Sachentscheidungsrechte

Angelegenheiten, mit deren Wahrnehmung – ggf. einschließlich der Mittelbewirtschaftungsbefugnis – der Bürgermeister in geeigneten Fällen den Ortsvorsteher beauftragen kann:

- Allgemeines
  - Pflege der Beziehungen der Gemeinde zu den Stellen und Organisationen in der Ortschaft
  - Ehrung, Repräsentation
  - Pflege des Ortsbildes (soweit nicht Ortschaftsrat)
  - Beiträge zum Amtsblatt
- Personalwesen
  Personalangelegenheiten der örtlichen Verwaltung (soweit nicht Ortschaftsrat)
- Ausgestaltung, Unterhaltung und Benutzung von Einrichtungen und Anlagen einschließlich Gemeindestraßen, soweit deren Bedeutung nicht über den Bereich der Ortschaft hinausgeht
- Vermögensangelegenheiten
  (soweit nicht Ortschaftsrat), insbesondere
  - die Veräußerung und dingliche Belastung, der Erwerb und Tausch von Grundeigentum oder grundstücksgleichen Rechten einschließlich der Ausübung vertraglicher Vorkaufsrechte (wertmäßig begrenzt)

  - Verträge über die Nutzung von Grundstücken oder beweglichem Vermögen bis zu einem bestimmten jährlichen Miet- oder Pachtwert (Vermietung gemeindeeigener Wohnungen in unbeschränkter Höhe)
  - die Veräußerung von beweglichem Vermögen (wertmäßig begrenzt)
  - bei der Errichtung oder wesentlichen Erweiterung öffentlicher Einrichtungen die Vergabe der Lieferungen und Leistungen für die Bauausführung sowie die Anerkennung der Schlussabrechnung (wertmäßig begrenzt)
  - die Bewirtschaftung des Gemeindewaldes
- Kultur und Sport (soweit nicht Ortschaftsrat), insbesondere
  - Förderung von örtlichen Vereinen
  - Unterhaltung, Vermietung und Verpachtung kultureller Einrichtungen in der Ortschaft
- Finanzwesen einschließlich Kassen- und Rechnungswesen, Steuerwesen
  - Ausübung der Bewirtschaftungsbefugnis (soweit nicht Ortschaftsrat) und Anordnungsbefugnis
  - Beantragung der Haushaltsmittel (soweit nicht Ortschaftsrat)
  - die Erfassung von Einnahmen und Ausgaben und die Einziehung von Einnahmen
  - Mitwirkung bei der Erhebung der Steuern (soweit nicht Ortschaftsrat)
  - Veranlagung und Einziehung von Gebühren
- Sozialangelegenheiten
- Feuerwehrwesen (soweit nicht Ortschaftsrat)
- Friedhof- und Bestattungswesen (soweit nicht Ortschaftsrat)
- Sonstiges
  - Verwaltung der Jagdgenossenschaft
  - Schafweide
- Bauwesen (außer Bauordnung), Bodenordnung
  - Wohngeldangelegenheiten
  - Wohnbauangelegenheiten
- Ordnungsangelegenheiten
  - Einwohnermeldeamt einschließlich Lohnsteuerkarte
  - Personalausweise, Kinderausweise
  - Passangelegenheiten
  - Ausländerangelegenheiten
  - Staatsangehörigkeitsangelegenheiten
  - amtliche Beglaubigung, Bestätigung
  - Führungszeugnisse
  - Gaststättenwesen
  - Gewerbeangelegenheiten, insbesondere Gewerbemeldungen, Einzelhandelserlaubnisse, Reisegewerbekarten
  - Bauordnungsangelegenheiten, insbesondere Vorbearbeitung der Baugenehmigungsanträge und Nachbaranhörung
  - Obdachlosenpolizei
  - Waffen- und Sprengstoffwesen

- Bußgeldverfahren
- Standesamtswesen, wenn in der Ortschaft ein Standesamt besteht.

Die Übertragung dieser Sachentscheidungsbefugnisse richtet sich nach den gleichen Maßstäben wie die Übertragung von Entscheidungszuständigkeiten auf den Ortschaftsrat (siehe oben II 1.4). Auch bei der Übertragung von Sachentscheidungsbefugnissen auf den Ortsvorsteher sind die örtlichen Verhältnisse zu beachten. Allerdings können auch die persönlichen Möglichkeiten des Ortsvorstehers zusätzliche Entscheidungskriterien sein.

Mittelbewirtschaftung

Für die Übertragung der Mittelbewirtschaftungsbefugnis auf den Ortsvorsteher wird auf Teil II Abschnitt 1.4 verwiesen.

Zusammenarbeit mit der Zentralverwaltung

Der Ortsvorsteher ist in Vertretung des Bürgermeisters der Leiter der örtlichen Verwaltung und damit die wichtigste Kontaktperson der Ortschaft zur Verwaltung der Gesamtgemeinde. Deshalb hängt von den Beziehungen zwischen dem Ortsvorsteher und der Zentralverwaltung wesentlich das Funktionieren der Ortschaftsverfassung ab. Oberstes Ziel der Zusammenarbeit muss gegenseitiges Verständnis sein. Dies erfordert aber auch, dass zwischen der zentralen Verwaltung der Gemeinde und dem Ortsvorsteher ein ständiger und umfassender Informationsaustausch sichergestellt ist. Die Informationspflicht obliegt dabei sowohl dem Ortsvorsteher als auch der Verwaltung. Der Bürgermeister sollte sicherstellen, dass sich die Entscheidungen des Ortschaftsrats nicht nur an den Bedürfnissen und Wünschen der Ortschaft, sondern auch an den Gesamtinteressen der Gemeinde zu orientieren haben. Dies kann nur dann gewährleistet werden, wenn der Ortschaftsrat und die örtliche Verwaltung auch über die die Gesamtgemeinde berührenden Angelegenheiten von der Zentralverwaltung unterrichtet werden.

2.3 Weitere Aufgaben und Möglichkeiten

Wie der Ortschaftsrat hat auch der Ortsvorsteher neben den allgemeinen, bereits dargestellten Aufgaben und Zuständigkeiten weitere Aufgaben im bürgerschaftlichen Bereich der Ortschaft. Auch wenn dem Ortsvorsteher lediglich die Mindestaufgaben zur Wahrnehmung übertragen sind, nämlich

- Vorsitz im Ortschaftsrat mit Vorbereitung und Durchführung von Sitzungen sowie Stellvertretung des Bürgermeisters beim Vollzug der Beschlüsse und bei der Leitung der Ortsverwaltung,
- Wahrnehmung von Repräsentationsaufgaben in der Ortschaft,
- Ansprechpartner für Bürger, Ortschaftsräte, Gemeindeorgane und Verwaltung

können sich schon daraus eine Fülle von Aufgaben und auch Möglichkeiten der Gestaltung ohne eigentliche bzw. tatsächliche Sachentscheidungsbefugnisse ergeben.

Gerade ehrenamtliche Ortsvorsteher wären häufig zeitlich überfordert, wenn sie zusätzliche Aufgaben wahrzunehmen hätten. Forderungen auf Übertragung echter Sachentscheidungsbefugnisse sollten deshalb wohl abgewogen werden. Der Ortsvorsteher könnte sonst leicht in zu großem Ausmaß in den administrativen Kreislauf eingebunden werden und wäre dadurch letztlich weniger in der Lage, andere wichtige, nämlich die Ortschaft gestaltende Initiativen zu ergreifen.

Zusammen mit dem Ortschaftsrat stehen dem Ortsvorsteher umfassende Initiativrechte zu. Beispielhaft soll nachstehend auf einige Möglichkeiten hingewiesen werden.

Bürgerkontakte

Der Ortsvorsteher – nicht einzelne Ortschaftsräte – ist als Repräsentant der Ortschaft Vertrauensperson und bei vielen allgemeinen und persönlichen Anliegen und Problemen Gesprächspartner für die Bürger. Dass der Ortsvorsteher vereinzelt auch heute noch, 50 Jahre nach der Gemeindereform, vielfach in Verkennung der Realitäten noch als Ortsbürgermeister angesprochen wird, verdeutlicht, wie herausragend die Funktion des Ortsvorstehers in der Bevölkerung der Ortschaft eingeschätzt werden kann. Der dadurch auch zum Ausdruck kommende Vertrauensvorschuss sollte und kann zum Vorteil für die Gesamtgemeinde und für die Ortschaft gleichermaßen genutzt werden.

Sprechstunden

Auch der ehrenamtliche Ortsvorsteher sollte in regelmäßigen Abständen in der örtlichen Verwaltung Sprechzeiten durchführen und damit für die Bürger auch als ständiger Vertreter bei der Leitung der örtlichen Verwaltung öffentlich in Erscheinung treten.

Die Beratung der Bürger ist nicht immer problemlos; insbesondere kann es dadurch auch leicht zu Differenzen mit den Gemeindeorganen und der Zentralverwaltung der Gemeinde kommen. Der Ratsuchende erwartet vom Ortsvorsteher eine sachlich fundierte Auskunft auch in Angelegenheiten, die sich gegen die Interessen der Gemeinde richten. In solchen Fällen empfiehlt es sich, zur Vermeidung von Spannungen mit der Gemeinde, den vorgetragenen Sachverhalt sorgfältig zu prüfen und am besten der Zentralverwaltung mit der Bitte um Abhilfe oder Stellungnahme vorzulegen. Auch wenn der Ortsvorsteher der gleichen Auffassung wie der Rat suchende Bürger sein sollte, sollte dies gegenüber dem Ratsuchenden – wenigstens bis zur Stellungnahme der Verwaltung – nicht zum Ausdruck gebracht werden. Kommt die Verwaltung dem Anliegen des Bürgers nicht nach, sollte der

Ortsvorsteher den Ratsuchenden umfassender informieren. Würde er dies wegen seiner Verpflichtung für das Wohl der Allgemeinheit nicht tun, könnte ein Vertrauensschwund mit all seinen Nachteilen für das bürgerschaftliche Zusammenleben nicht ausbleiben.

Insbesondere wäre dann im gegenteiligen Fall, in dem der Ratsuchende nach Überzeugung des Ortsvorstehers im Unrecht ist, kaum noch eine Basis vorhanden, den Bürger hiervon zu überzeugen. Der Ortsvorsteher hat aber auch gerade bei solchen nicht im Sinne des Bürgers ausfallenden Auskünften diese offen und deutlich zu vertreten.

Anregung bürgerschaftlicher Initiativen

Ohne aktive Förderung durch den Ortsvorsteher als Vorsitzender des Ortschaftsrats wäre die Anregung und Durchführung bürgerschaftlicher Initiativen (siehe oben II 1.5) letztlich kaum realisierbar. Der Ortsvorsteher hat bei dieser wichtigen Aufgabe nicht nur vor Ort zu koordinieren, sondern hat auch Einzelgespräche und Verhandlungen mit den Gemeindeorganen, der Gemeindeverwaltung und anderen Institutionen zu führen. Bei all dem wird außerdem vom mitwirkungsbereiten Bürger erwartet, dass der Ortsvorsteher und möglichst auch die Ortschaftsräte nicht nur die bürgerschaftliche Mitarbeit initiieren, sondern auch bei der Durchführung konkreter Maßnahmen aktiv mithelfen. Dies ist der größte Anreiz für alle Helfer.

Bauleitplanung, Dorfentwicklung

Die Ortskenntnis und die persönlichen Kontakte zur Bevölkerung können wichtige Voraussetzungen dafür sein, um auch komplizierte Planungs- und Dorfentwicklungsmaßnahmen voranzubringen. Neben allgemeinen Informationsveranstaltungen des Ortschaftsrats hat es sich bewährt, wenn der Ortsvorsteher auch Einzelgespräche und -beratungen mit den von der jeweiligen Maßnahme betroffenen Bürgern führt. Dabei ist ein enges Zusammenwirken mit der mit der Durchführung befassten Stelle der Zentralverwaltung wichtige Voraussetzung.

Zur Verbesserung der Wohnqualität alter Ortskerne ist es vorteilhaft, wenn über Möglichkeiten der Zuschussgewährung oder über Planungsabsichten der Gemeinde nicht nur global informiert wird. Einzelberatungen bei den Eigentümern, die auch direkte Hilfestellungen bei der Antragsbearbeitung einschließen, sind allemal besser. Der größere Zeitaufwand ist bei den möglichen Erfolgen schnell gerechtfertigt.

3. Die örtliche Verwaltung

3.1 Allgemeine Verwaltung

Die örtliche Verwaltung ist eine integrierte Dienststelle der Gemeindeverwaltung, die nicht nur in Ortschaften mit Ortschaftsverfassung, sondern in allen Ortsteilen der Gemeinde eingerichtet werden kann. Der Einrichtung dieser dezentralen Verwaltungen liegt die Überlegung zugrunde, eine möglichst bürgernahe Aufgabenerfüllung durch die Gemeindeverwaltung sicherzustellen.

Für die Verwaltungsstellen gelten in vollem Umfang nicht nur die allgemeine Dienst- und Geschäftsanweisung der Gemeindeverwaltung, sondern auch alle sonstigen Verwaltungsanordnungen. In den Ortschaften ist der Ortsvorsteher kraft Gesetzes Leiter der örtlichen Verwaltungsstelle, und zwar in ständiger Vertretung des Bürgermeisters oder des Beigeordneten. In dieser Funktion hat der Ortsvorsteher zwar das Direktionsrecht; jedoch ohne spezielle Beauftragung mit der Befugnis zur Sachentscheidung und zur sachlichen Weisung gegenüber den Gemeindebediensteten der Ortsverwaltung.

Die Einrichtung von Ortschaften hat nicht unbedingt zur Folge, dass neben der Installierung des Ortschaftsrats auch eine örtliche Verwaltung eingerichtet wird. Häufig war diese Frage bereits im Rahmen von Eingemeindungsverhandlungen entschieden worden. Bei den ehemals selbstständigen Gemeinden hatte die Absicherung einer örtlichen Verwaltungsstelle der Gemeindeverwaltung größte Priorität. Die Meinungen, wer für die Einrichtung der örtlichen Verwaltungen letztlich zuständig ist, der Gemeinderat, weil es sich um eine Frage der Gemeindestruktur handelt, oder der Bürgermeister, weil die innere Organisation der Gemeindeverwaltung in dessen Zuständigkeitsbereich liegt, gingen lange Zeit auseinander. Sicher ist, dass der Gemeinderat die Mittel bereitzustellen hat und der Bürgermeister die innere Organisation regelt. Der Bürgermeister legt auch die personelle Besetzung fest und entscheidet damit letztlich über die Leistungskraft der örtlichen Verwaltung. Im Erlass des Innenministeriums zur Ortschaftsverfassung wird daher davon ausgegangen, dass die Entscheidung über die Einrichtung der örtlichen Verwaltung dem Bürgermeister kraft seines Organisationsrechts nach § 44 Abs. 1 GemO obliegt. Wegen der durch Personal- und Sachkosten entstehenden finanziellen Auswirkungen auf den Haushalt der Gemeinde ist jedoch der Gemeinderat zu beteiligen. Außerdem ist der Ortschaftsrat sowohl bei der Umstrukturierung, der Einrichtung und der Auflösung der örtlichen Verwaltung zu hören.

Bei der Entscheidung hat der Bürgermeister die Bürger- und Objektnähe der Verwaltung mit den Gesichtspunkten einer wirksamen, rationellen und sparsamen Verwaltung gegeneinander abzuwägen. Die Einrichtung einer örtlichen Verwaltung kann dort nicht infrage kommen, wo gegen den Grundsatz der sparsamen und wirtschaftlichen Gemeindeverwaltung verstoßen werden würde. Keinesfalls darf dadurch das Leistungsniveau der Zentralverwaltung infrage gestellt werden.

Bei der personellen Ausstattung der örtlichen Verwaltung muss ein ausgewogenes Verhältnis zu den Aufgaben des Ortschaftsrats, des Ortsvorstehers und der örtlichen Verwaltung hergestellt werden. Das macht eine gründliche Analyse aller Verhältnisse des Einzelfalls erforderlich. Dabei sind die Bürgernähe der Verwaltung und die zu erreichende Eigenständigkeit der Ortschaft hoch zu bewerten. Diese Grundsätze gelten nicht nur bei der Einrichtung örtlicher Verwaltungen, sondern auch und gerade bei Überlegungen zu deren evtl. Auflösung.

In den Fällen, in denen in einer Ortschaft eine örtliche Verwaltung nicht eingerichtet ist, ist der Vollzug der Beschlüsse des Ortschaftsrats einschließlich der in diesem Zusammenhang zu treffenden Entscheidungen und durchzuführenden Verwaltungstätigkeiten ausschließlich vom Ortsvorsteher zu garantieren. Dabei kann er sich allerdings auch an die Gemeindeverwaltung wenden und die Abwicklung dieser Verwaltungstätigkeit auf das Personal der Zentralverwaltung übertragen.

Bürgerämter

Nach allen bisherigen Erfahrungen einschließlich der Ergebnisse von Umfragen haben sich die örtlichen Verwaltungen bewährt. Sie waren beziehungsweise sind die Vorläufer der inzwischen in vielen Gemeinden auch eingerichteten, zentralen Bürgerämter.

Mit den modernsten Technologien ausgestattet, sind die Bürgerämter für viele Bürger und Einwohner inzwischen eine gute Alternative zu den örtlichen Verwaltungsstellen. Durch die Online-Verbindungen können oft aufwendige Behördengänge vermieden werden. Je nach Verwaltungsstruktur und Größe der Ortschaft hat das die Frequenz in örtlichen Verwaltungsstellen z. T. gravierend reduziert.

Der damit verbundene Abbau von Personalstellen sollte die Leistungsfähigkeit der Verwaltungsstellen und deren Bürgernähe nicht ohne Not infrage stellen. Bei vielen Aufgaben der Verwaltungsstellen sind auch künftig persönliche Beratungen der Bürger und die Erfüllung von Organisationsaufgaben für Ortschaftsrat, Ortsvorsteher und die örtliche Gemeinschaft erforderlich. Ehrenamtliche Ortsvorsteher sind häufig auf administrative Zuarbeit angewiesen. Bei Ausführung ihres Ehrenamtes sollten sie mit Verwaltungsarbeiten bis hin zur Schriftführung bei Sitzungen des Ortschaftsrats nicht überhäuft werden. Das muss bei organisatorisch notwendigen Überlegungen zwingend mit bedacht werden.

3.2 Sonstige Verwaltungen in den Ortschaften

Zur Grundausstattung in den Verwaltungen der ehemals selbstständigen Gemeinden gehörten neben den kommunalen Selbstverwaltungsbereichen auch das Standesamt, das Grundbuchamt und der Ratschreiber.

Im Zuge der Grundbuchamtsreform wurde die Grundbuchführung von den zuvor mehr als 600 kommunalen und staatlichen Grundbuchämtern bis zum 1. Januar 2018 auf 13 grundbuchführende Amtsgerichte übertragen (Baden: Achern, Emmendingen, Mannheim, Maulbronn, Tauberbischofsheim, Villingen-Schwenningen; Württemberg: Böblingen, Heilbronn, Ravensburg, Schwäbisch Gmünd, Sigmaringen, Ulm, Waiblingen). Damit wurden auch die bislang unterschiedlichen Strukturen beider Landesteile beseitigt. Gleichzeitig wurde im Grundbuchwesen auf eine vollelektronische Aktenführung umgestellt. Darüber hinaus haben zahlreiche Städte und Gemeinden im Land Grundbucheinsichtsstellen eingerichtet – dort können Bürgerinnen und Bürger z. B. Einsicht in das elektronische Grundbuch nehmen und Ausdrucke erhalten.

Der Ratschreiber ist aus der Rechtstradition in Süddeutschland nicht wegzudenken. Seit der Umsetzung der Notariats- und Grundbuchreform in Baden-Württemberg zum 1. Januar 2018 hat der Ratschreiber einen veränderten Tätigkeitsbereich, der sich nunmehr aus § 35a Abs. 1 und 4 Landesgesetz über die freiwillige Gerichtsbarkeit (LFGG) ergibt. Da der Gesetzgeber die Beurkundungszuständigkeiten für Ratschreiber neu geregelt hat, bedeutete die Reform für die Städte und Gemeinden in Baden-Württemberg eine erhebliche Zäsur. Der Ratschreiber kann weiterhin Unterschriften von Bürgern und Abschriften von Dokumenten beglaubigen.

TEIL III. Rechtsstellung und Pflichten des Ortschaftsrats

1. Das Amt des Ortschaftsrats

Ortschaftsräte üben ihre Tätigkeit **ehrenamtlich** aus. Als ehrenamtlich Tätige beziehen sie kein Arbeitsentgelt. Bei einem Dienstunfall haben sie jedoch, ohne selbst Beamte zu sein, dieselben Rechte wie Ehrenbeamte (§ 72 i.V. mit § 32 Abs. 4 GemO). Sie haben wie jeder andere ehrenamtlich tätige Bürger Anspruch auf Ersatz ihrer Auslagen und ihres Verdienstausfalls während ihrer Tätigkeit als Ortschaftsrat (§ 19 GemO). Da die Ortschaftsräte eine ehrenamtliche Tätigkeit eigener Art ausüben, unterliegen sie keiner Dienstaufsicht und können auch nicht wie Beamte disziplinarisch bestraft werden.

2. Öffentliche Verpflichtung der Ortschaftsräte

Der Ortschaftsrat wird vom Ortsvorsteher in der ersten Sitzung **öffentlich verpflichtet,** seine Amtspflichten gewissenhaft zu erfüllen. Diese Verpflichtung tritt an die Stelle der bei Beamtenernennungen vorgeschriebenen Vereidigung. Das Gelöbnis wird, ohne dass eine besondere Form vorgeschrieben wäre, regelmäßig durch Handschlag bekräftigt, nachdem der Ortschaftsrat über seine Rechte und Pflichten unterrichtet wurde. Für die Verpflichtung kann die folgende, für Gemeinderäte empfohlene Formel entsprechend verwendet werden:

> *„Ich gelobe Treue der Verfassung, Gehorsam den Gesetzen und gewissenhafte Erfüllung meiner Pflichten. Insbesondere gelobe ich, die Rechte der Gemeinde (Name) und die der Ortschaft (Name) gewissenhaft zu wahren und deren Wohl und das ihrer Einwohner nach Kräften zu fördern."*

Das einzelne Mitglied des Ortschaftsrats erwirbt den Anspruch auf Ausübung seiner Tätigkeit unmittelbar durch die Wahl in den Ortschaftsrat.

3. Freies Mandat

Ebenso wie die Gemeinderäte sind auch die Ortschaftsräte **Vertreter aller Bürger** in der Ortschaft und nicht etwa nur Beauftragte einzelner Gruppen, die sie in den Ortschaftsrat gewählt haben. Sie haben deshalb eine Verantwortung für das Gesamtwohl der Ortschaft. Auch für sie gelten die Bestimmungen der Gemeindeordnung, die besagen, dass sie im

Rahmen der Gesetze nach ihrer freien, nur durch das öffentliche Wohl bestimmten Überzeugung entscheiden. An Verpflichtungen und Aufträge, durch die diese Freiheit beschränkt wird, sind sie nicht gebunden. Darin liegt das Gebot, sich frei zu entscheiden. Sie haben damit gleichzeitig auch die Garantie, frei von ihnen etwa aufgedrungenen Verpflichtungen zu entscheiden. Ebenso wie die Bundestags- und Landtagsabgeordneten haben sie ein sogenanntes **freies Mandat**. An Wahlabsprachen, die diese Entscheidungsfreiheit einschränken, sind sie nicht gehalten. Die Entscheidungsfreiheit schützt sie rechtlich auch vor einem **Fraktionszwang**. Es gibt keine rechtliche Verpflichtung, sich bei der Stimmabgabe im Sinne einer Vorabstimmung in der Mitgliedervereinigung (Fraktion), der sie angehören, zu verhalten. Gleichfalls kann keine Rücktrittsverpflichtung für den Fall unterstellt werden, dass ein Ortschaftsrat nicht den Vorstellungen der Mehrheit einer Fraktion entsprechend entscheidet. Ortschaftsräte scheiden auch dann nicht automatisch aus dem Ortschaftsrat aus, wenn sie die Fraktion verlassen, auf deren Wahlvorschlag sie in den Ortschaftsrat gewählt wurden. Sie können diesen Anlass jedoch als wichtigen Grund für ein selbst gewähltes Ausscheiden geltend machen.

4. Mitwirkungsrechte

4.1 Rechte des einzelnen Ortschaftsrats

Dem einzelnen Ortschaftsrat stehen verschiedene Rechte zu, die die Ausübung seines Amtes garantieren. Diese Rechte ergeben sich über den Verweis des § 72 GemO („Anwendung von Rechtsvorschriften“), wonach diejenigen Vorschriften, die für den Gemeinderat und den Bürgermeister gelten, grundsätzlich auch auf den Ortschaftsrat und den Ortsvorsteher entsprechend anzuwenden sind. Davon gibt es jedoch einige Ausnahmen, die insbesondere das Stimmrecht des Ortsvorstehers sowie Hinderungsgründe betreffen.

So hat der einzelne Ortschaftsrat beispielsweise Anspruch darauf, an allen **Beratungen** und **Beschlussfassungen mitwirken** zu können (§ 72 i.V. mit §§ 40, 36 GemO), es sei denn, er wäre im Rechtssinne befangen oder von den Sitzungen wegen Ordnungswidrigkeiten ausgeschlossen. Zu den auf die Tagesordnung gesetzten Verhandlungsgegenständen können Ortschaftsräte Anträge stellen (§ 72 i.V. mit § 36 GemO) und diese sowie persönliche Erklärungen und ihr Abstimmungsverhalten in der Sitzungsniederschrift festhalten lassen (§ 72 i.V. mit § 38 Abs. 1 Satz 2 GemO). Die Behandlung einzelner Angelegenheiten im Ortschaftsrat kann der einzelne Ortschaftsrat nur anregen, aber nicht mit Rechtsanspruch beantragen. Dagegen kann er an den Ortsvorsteher schriftliche oder in einer Sitzung des Ortschaftsrats mündliche **Anfragen** über einzelne Angelegenheiten der Ortschaft oder ihrer Verwaltung richten; der Ortsvorsteher hat diese in angemessener Frist zu beantworten (§ 72 i.V. mit § 24 GemO).

4.2 Gruppenrechte

Bestimmte Rechte räumt die Gemeindeordnung nicht den einzelnen Ortschaftsräten ein, sondern behält sie nur mehreren Mitgliedern, also Minderheiten vor. Deshalb nennt man solche Befugnisse auch **Minderheitenrechte oder Gruppenrechte**. So kann eine Fraktion oder ein Sechstel der Ortschaftsräte in allen Ortschaftsangelegenheiten verlangen, dass der Ortsvorsteher den Ortschaftsrat unterrichtet (§ 72 i.V. mit § 24 Abs. 3 Satz 1 GemO). Ein Viertel der Ortschaftsräte kann in Ortschaftsratsangelegenheiten verlangen, dass dem Ortschaftsrat **Akteneinsicht** gewährt wird (§ 72 i.V. mit § 24 Abs. 3 Satz 2 GemO). Ein Viertel aller Ortschaftsräte kann auch unter Angabe des Verhandlungsgegenstandes die unverzügliche Einberufung einer Sitzung beantragen (§ 72 i.V. mit § 34 Abs. 1 Satz 3 GemO). Eine Fraktion oder ein Sechstel der Ortschaftsräte kann verlangen, dass ein Verhandlungsgegenstand spätestens auf die Tagesordnung der übernächsten Sitzung des Ortschaftsrats gesetzt wird. Die Verhandlungsgegenstände müssen zum Aufgabengebiet des Ortschaftsrats gehören. Wenn der Ortschaftsrat den gleichen Verhandlungsgegenstand allerdings in den letzten sechs Monaten bereits beraten hat, sind die oben genannten Antragsrechte nicht gegeben (§ 72 i.V. mit § 34 Abs. 1 Satz 4–6 GemO).

5. Grundsätze der Mandatsausübung

Ortschaftsräte stehen in einem besonderen **Vertrauensverhältnis** zur Ortschaft. Vor allem müssen sie das ihnen übertragene Amt uneigennützig und verantwortungsbewusst ausüben. Der Ortschaftsrat soll überdies im Bewusstsein der bei seiner Amtseinführung übernommenen Verpflichtung handeln. Er ist zur Mitarbeit im Ortschaftsrat **verpflichtet** und kann sich der Amtsausübung nicht grundlos entziehen. Sein Handeln soll mit dem **Gemeinwohl** übereinstimmen. So ist auch der Ortschaftsrat an den Grundsatz der **Gesetzmäßigkeit** der Verwaltung gebunden, rechtmäßiges Handeln muss für ihn oberstes Gebot sein. Werden ihm Vorgänge bekannt, die das Gemeinwohl bewusst schädigen, hat er den Ortsvorsteher oder Ortschaftsrat zu verständigen. Er muss ferner seine Sachkenntnis und Fachkunde in den Dienst der Ortschaft stellen. Einfluss auf die Kommunalpolitik gewinnt der Ortschaftsrat durch die aktive Teilnahme an den Beratungen des Ortschaftsrats. Andererseits muss ein Ortschaftsrat, der in bestimmten Angelegenheiten anderer Auffassung ist als die Mehrheit des Gremiums, einen mit Stimmenmehrheit zustande gekommenen Beschluss respektieren. Er würde gegen demokratische Grundsätze handeln, wenn er versuchen sollte, die Ausführung rechtmäßig zustande gekommener Beschlüsse zu unterbinden.

6. Teilnahmepflicht an Sitzungen des Ortschaftsrats

Die Grundpflicht des Ortschaftsrats, sein Amt auszuüben, gebietet auch, an den **Sitzungen** des Ortschaftsrats **teilzunehmen**. Die Teilnahme steht also nicht im freien Ermessen des Ortschaftsrats. Nur aus **zwingenden Gründen**, etwa wegen Krankheit oder begründeter Ortsabwesenheit, kann die Nichtteilnahme gerechtfertigt sein. Der Ortschaftsrat sollte sich vorher beim Ortsvorsteher entschuldigen, auch wenn die Geschäftsordnung dies nicht ausdrücklich vorsieht.

Ein Ortschaftsrat, der ohne zureichenden Grund wiederholt nicht an den Sitzungen des Ortschaftsgremiums teilnimmt oder seine Mitarbeit verweigert, handelt gesetzwidrig. Die Gemeindeordnung sieht gesetzliche **Zwangsmittel** vor, den Ortschaftsrat zur Teilnahme anzuhalten. Der Ortschaftsrat kann einem Mitglied, das sich die beschriebenen Pflichtverletzungen zu Schulden kommen lässt, mit einem Ordnungsgeld zwischen 50 Euro und 1000 Euro belegen.

7. Verschwiegenheitspflicht

7.1 Begründung

Bürger, die verpflichtet sind, in bestimmten Angelegenheiten dem Ortschaftsrat vertrauliche persönliche Verhältnisse mitzuteilen, haben ein Anrecht darauf, dass diese Angaben nicht an die Öffentlichkeit geraten. Sie dürfen auch nicht auf andere Weise unbefugt verwertet werden. Die Verwaltung andererseits muss die Gewähr haben, dass im öffentlichen Interesse vertraulich zu behandelnde Angelegenheiten nicht bekannt werden. Darüber hinaus muss der einzelne Ortschaftsrat einen Schutz haben vor unbefugter Offenlegung seiner Auffassung und seines Stimmverhaltens in vertraulichen Angelegenheiten.

7.2 Umfang

Zu Verschwiegenheit ist das einzelne Ortschaftsratsmitglied in allen Angelegenheiten verpflichtet, deren Geheimhaltung

- gesetzlich vorgeschrieben ist. **Gesetzliche Geheimhaltungspflichten** sind z.B. in § 35 GemO für alle nicht öffentlichen Sitzungen sowie in § 30 der Abgabenordnung für Steuersachen enthalten;
- besonders angeordnet ist. Geheimhaltungsanordnungen können der Ortschaftsrat und der Ortsvorsteher innerhalb ihres Aufgabenbereichs treffen. Damit die **Geheimhaltungspflicht** besonders deutlich wird, kann auf Schriftstücken der Aufdruck „geheim“ oder „vertraulich“ angebracht werden;

- ihrer Natur nach erforderlich ist. Manche Daten dürfen auch ohne besondere Anordnung nicht weitergegeben werden. Dazu zählen etwa Personaldaten, Ergebnisse von Grundstücksverhandlungen.

Die Verschwiegenheitspflicht bezieht sich auf alle Einzelheiten, ausgenommen allgemein bekannte Tatsachen. Bei nicht öffentlichen Sitzungen ist sowohl über die während der Beratung bekannt gewordenen Tatbestände als auch über dazu gemachte Ausführungen und auch über das Beratungsergebnis Verschwiegenheit zu wahren. Der Ortschaftsrat darf geheim zu haltende Kenntnisse unbefugten Dritten nicht weitervermitteln. Die Verschwiegenheitspflicht besteht auch gegenüber nahen Angehörigen, Parteimitgliedern, soweit sie nicht auch dem Gremium angehören, der Presse gegenüber, aber auch gegenüber dem Betroffenen. Auch vertrauliche Unterlagen darf der Ortschaftsrat nicht weitergeben. Das bedeutet, dass er insbesondere Beratungsunterlagen, die zur vertraulichen Behandlung übergeben worden sind, nicht unachtsam liegen lassen darf, sodass sie zu Unbefugten gelangen können.

7.3 Ausnahmen

Ausnahmsweise ist der Ortschaftsrat dann nicht an seine grundsätzliche Schweigepflicht gebunden, wenn dadurch **strafbare Handlungen** aufgedeckt werden sollen.

7.4 Zeitdauer

An die Schweigepflicht ist der Ortschaftsrat so lange gebunden, bis sie entbehrlich wird. Wenn sie besonders angeordnet wurde, besteht sie bis zur ausdrücklichen Aufhebung fort. Nur der Ortsvorsteher kann sie aufheben. Die Einschätzung des einzelnen Ortschaftsrats über die Entbehrlichkeit ist also nicht maßgebend. Die Geheimhaltungspflicht fällt auch nicht mit dem Ausscheiden aus dem Ortschaftsgremium weg. Sie besteht vielmehr weiter.

7.5 Folgen von Pflichtverletzungen

Um der Beachtung der Geheimhaltung und deren Schutzwürdigkeit Nachdruck verleihen zu können, kann der Gemeinderat Verstöße gegen die Geheimhaltungspflicht mit Ordnungsgeldern rügen. Geheimnis- oder Vertrauensbruch sind außerdem Straftatbestände, wenn dadurch Dienstgeheimnisse verletzt wurden. Bei der unbefugten Offenbarung von Steuergeheimnissen erhält § 355 StGB Strafvorschriften. Schließlich sind Schadenersatzleistungen nach dem Bürgerlichen Gesetzbuch zu erbringen, wenn mit der Verletzung der Geheimhaltungspflicht jemand ein Schaden zugefügt wurde.

8. Befangenheit

8.1 Mitberatungs- und Mitentscheidungsverbot

Die Gemeindeordnung schließt Ortschaftsräte von der beratenden und entscheidenden Mitwirkung aus in den Angelegenheiten, bei denen die Gefahr besteht, dass sie wegen eines **Interessenwiderstreits** nicht unbefangen und unvoreingenommen entscheiden können. Sowohl die möglichste Objektivität der Entscheidungen, wie aber auch der Schutz des Ortschaftsrats gegen Parteilichkeit soll dadurch gewährleistet werden.

8.2 Befangenheitstatbestände

Den Ausschluss wegen Befangenheit regelt § 18 GemO. Befangen und von der Beratung sowie Entscheidung ausgeschlossen ist ein Ortschaftsrat dann, wenn die Entscheidung einer Angelegenheit ihm selbst oder bestimmten Personen, Organisationen und wirtschaftlichen Unternehmen, zu denen er in enger rechtlicher oder wirtschaftlicher Beziehung steht, einen unmittelbaren Vor- oder Nachteil bringen kann. Vor- und Nachteile, die zur Befangenheit führen, können alle Interessen des Betroffenen sein, also nicht nur wirtschaftliche oder finanzielle, sondern auch rechtliche oder auch nur ideelle. Sie müssen sich aber unmittelbar aus der Entscheidung ergeben können. Entstehen sie nur als Nebenwirkung, besteht für den Ortschaftsrat kein Mitwirkungsverbot. Die Verschiebung der Interessenlage braucht nicht schon eingetreten zu sein, sie muss nur eintreten können. Es kommt also nicht darauf an, ob der Betroffene den möglichen Vorteil auch tatsächlich nützen will oder der Nachteil eintritt. Ausreichend ist, dass er möglich ist. Auch die Bedeutsamkeit des Vor- oder Nachteils ist nicht entscheidend für das Mitwirkungsverbot.

8.3 Ausnahmen von der Befangenheit

Vom Mitwirkungsverbot wegen Befangenheit gibt es wesentliche Ausnahmen, und zwar dann, wenn die betreffende Angelegenheit nur so genannte **Gruppeninteressen** berührt, oder wenn der Ortschaftsrat **Wahlen zu einer ehrenamtlichen Tätigkeit** vorzunehmen hat.

Ein Ortschaftsrat ist im Rechtssinne nicht befangen, wenn die Entscheidung einer Angelegenheit nur die gemeinsamen Interessen einer **Berufs-** oder **Bevölkerungsgruppe** berührt, der er angehört, oder Personen, zu denen er in bestimmten Beziehungen steht. Gruppeninteressen sind beispielsweise gegeben für die Bewohner einer Ortschaft bei gemeinsam berührenden Angelegenheiten, etwa bei der Forderung einer ausreichenden Straßenverbindung zum Hauptort, beim Bau öffentlicher Einrichtungen in der Ortschaft; Gruppeninteressen verbinden aber auch die Benutzer öffentlicher Einrichtungen, die Abnehmer öffentlicher Ver- und Entsorgungsangebote, aber auch die Eltern von Kindergartenkindern.

Auch bei Wahlen zu einer ehrenamtlichen Tätigkeit, wenn also mit der Wahl nur eine ehrenamtliche Funktion übertragen wird, gelten die Befangenheitsvorschriften nicht. So ist z.B. ein Ortschaftsrat, der dem Gemeinderat zur Wahl als Ortsvorsteher vorgeschlagen werden soll, bei der Wahlentscheidung im Ortschaftsrat nicht befangen.

8.4 Befangenheitskatalog

Befangenheit liegt vor, wenn die Entscheidung einer Angelegenheit folgendem Personenkreis einen unmittelbaren Vorteil oder Nachteil bringen kann (vgl. § 18 Abs. 1 und 2 GemO):

- dem Ortschaftsrat selbst;
- seinem Ehegatten oder seinem Lebenspartner nach § 1 des Lebenspartnerschaftsgesetzes;
- einem mit ihm in gerader Linie oder in der Seitenlinie bis zum dritten Grad Verwandten. Zu den die Befangenheit auslösenden Verwandten gehören: Eltern, Großeltern, Urgroßeltern, Kinder (auch nicht eheliche Kinder), Enkel, Urenkel, Geschwister, Onkel, Tanten, Neffen und Nichten des Ortschaftsrats;
- einem mit ihm in gerader oder in Seitenlinie bis zum zweiten Grad Verschwägerten oder als verschwägert Geltenden, solange die die Schwägerschaft begründende Ehe oder Lebenspartnerschaft nach § 1 des Lebenspartnerschaftsgesetzes besteht. Dies sind: Schwiegersöhne und -töchter, Schwiegereltern des Ortschaftsrats sowie die Großeltern und Geschwister (Schwäger und Schwägerinnen, nicht jedoch deren Ehegatten – sog. Schwippschwägerschaft) seines Ehegatten, außerdem seine Stiefeltern, Stiefkinder, Stiefenkel sowie Stiefgeschwister (nur, wenn beide einen Elternteil gemeinsam haben), außerdem die Verwandten des eingetragenen Lebenspartners, wobei die Befangenheit wie bei Ehen nur bis zum zweiten Grad der Schwägerschaft in gerader Linie oder in der Seitenlinie reicht;
- die von dem Ortschaftsrat kraft Gesetzes oder kraft Vollmacht vertretenen (natürlichen oder juristischen) Personen. Gesetzliche Vertreter juristischer Personen sind beim eingetragenen Verein der Vorstand – je nach Satzung eine oder mehrere Personen –, bei der Offenen Handelsgesellschaft (OHG) jeder Gesellschafter, sofern der Gesellschaftsvertrag nicht anderes bestimmt, bei der Kommanditgesellschaft (KG) die persönlich haftenden Gesellschafter (Komplementäre), bei der Aktiengesellschaft (AG) der Vorstand, bei der Kommanditgesellschaft auf Aktien (KG a.A.) der persönlich haftende Gesellschafter, bei der Genossenschaft (eG) der Vorstand, bei der Gesellschaft mit beschränkter Haftung (GmbH) der oder die Geschäftsführer, bei Zweckverbänden der Verbandsvorsitzende, bei Stiftungen der Vorstand, bei Sparkassen der Vorsitzende des Verwaltungsrats.

Der Ausschluss wegen Befangenheit tritt auch ein, wenn der Ortschaftsrat

- gegen Entgelt bei jemandem beschäftigt ist, dem die Entscheidung einen unmittelbaren Vor- oder Nachteil bringen kann; sie ist nicht gegeben, wenn nach den tatsächlichen Umständen des Einzelfalles anzunehmen ist, dass sich der Betroffene nicht in einem Interessenwiderstreit befindet;
- oder sein Ehegatte, sein Lebenspartner nach § 1 des Lebenspartnerschaftsgesetzes, seine Kinder, seine Eltern Gesellschafter einer Handelsgesellschaft oder Mitglied des Vorstandes, des Aufsichtsrats oder eines gleichartigen Organs eines rechtlich selbstständigen Unternehmens sind, denen die Entscheidung der Angelegenheit einen unmittelbaren Vor- oder Nachteil bringen kann. Ist der Ortschaftsrat als Vertreter der Gemeinde oder auf Vorschlag der Gemeinde Organmitglied, besteht kein Mitwirkungsverbot. Gesellschafter einer Handelsgesellschaft in diesem Sinne sind die Kommanditaktionäre der KG a.A. und die Gesellschafter einer GmbH. Die Gesellschafter einer Handelsgesellschaft, die keine juristische Person ist (OHG, KG, stille Gesellschaft, BGB-Gesellschaft, Versicherungsverein a.G.) sind bereits als unmittelbar Betroffene von der Mitwirkung ausgeschlossen. Organe im oben beschriebenen Sinn sind bei Genossenschaften, Aktiengesellschaften, Kommanditgesellschaften auf Aktien, u.U. bei der Gesellschaft mit beschränkter Haftung die Aufsichtsräte; bei anderen Gesellschaften gibt es z.B. Verwaltungsräte als Kontrollorgane;
- Mitglied eines Organs einer juristischen Person des öffentlichen Rechts ist, dem die Entscheidung einen unmittelbaren Vor- oder Nachteil bringen kann. Die Befangenheit auslösende Körperschaften öffentlichen Rechts sind z.B. Zweckverbände, Kirchen, Träger der gesetzlichen Sozialversicherung (Krankenkassen, Berufsgenossenschaften, Deutsche Rentenversicherung Bund oder Baden-Württemberg), berufsständische Einrichtungen wie die Ärztekammer, die Zahnärztekammer, die Tierärztekammer, die Apothekerkammer, die Handwerkskammer, die Industrie- und Handelskammer, die Architektenkammer, die Steuerberaterkammer. Der Ortschaftsrat darf jedoch mitwirken, wenn er als Vertreter oder auf Vorschlag der Gemeinde in ein Organ einer solchen Körperschaft entsandt ist;
- in der Angelegenheit in anderer als öffentlicher Eigenschaft ein Gutachten abgegeben hat oder sonst tätig geworden ist. Dabei kommt es nicht darauf an, ob er das Gutachten vor Gericht oder außergerichtlich erstattet bzw. es entgeltlich oder unentgeltlich abgegeben hat. Entsprechendes gilt auch für die sogenannte sonstige Tätigkeit.

8.5 Feststellung der Befangenheit

Ortschaftsräte, bei denen ein Befangenheitsgrund vorliegt, müssen diesen vor Beginn der Beratung über die betreffende Angelegenheit im Ortschaftsrat dem Vorsitzenden **mitteilen**. In Zweifelsfällen – d.h., wenn der einzelne Ortschaftsrat und das Gremium unterschiedliche Auffassungen vertreten – entscheidet der Ortschaftsrat, ob ein Mitwirkungsverbot vorliegt. Dies geschieht in Abwesenheit des Betroffenen, der folglich für den Zeitraum der Entscheidung über seine mögliche Befangenheit den Sitzungsraum verlassen muss. Eine Besonderheit gilt bei einem ehrenamtlichen Ortsvorsteher, der nicht selbst Mitglied des Ortschaftsrates ist: In diesem Fall ist der Gemeinderat für die Entscheidung über die Befangenheit zuständig, weil der Gemeinderat bei Ehrenbeamten die Zuständigkeit für die Entscheidung über die Befangenheit hat.

Wer befangen ist, darf weder an der Beratung teilnehmen noch mitentscheiden. Würde ein befangener Ortschaftsrat mitwirken, wäre der so zustande gekommene Beschluss **rechtswidrig**. Der Ortsvorsteher müsste einem solchen Beschluss **widersprechen**. Deshalb muss der Ortschaftsrat ein Mitglied von der Mitwirkung ausschließen, wenn ein Befangenheitsgrund vorliegt. Ein Beschluss ist aber auch rechtswidrig, bei dem ein Ortschaftsrat zu Unrecht ausgeschlossen worden ist. Glaubt sich ein Ortschaftsrat rechtswidrig ausgeschlossen, so kann er dies entweder durch die Rechtsaufsichtsbehörde oder auf dem Verwaltungsrechtsweg nachprüfen lassen.

8.6 Rechtsfolgen der Befangenheit

Befangene Ortschaftsräte sind bei der betreffenden Angelegenheit sowohl von der Mitberatung wie auch von der Mitentscheidung auszuschließen. Der Ortschaftsrat kann den Befangenen jedoch anhören. Der Befangene kann bei öffentlichen Sitzungen des Ortschaftsrats im Zuhörerraum verbleiben. Bei nicht öffentlichen Sitzungen muss er jedoch den Beratungsraum verlassen.

9. Verantwortung und Haftung der Ortschaftsräte

9.1 Allgemeines

Eine privatrechtliche Haftung von Ortschaftsräten kann sich sowohl der Gemeinde wie auch Dritten gegenüber ergeben ebenso wie der Gemeinde gegenüber Dritten. Anspruchsgrundlagen zum Schadenersatz können sich aus den §§ 823, 826 des Bürgerlichen Gesetzbuchs (BGB) – unerlaubte Handlungen – ergeben.

9.2 Haftung nach Strafrecht

Ortschaftsräte können wegen strafbarer Handlungen zur Verantwortung gezogen werden. Sie gelten als Amtsträger im Sinne des Strafrechts, weshalb entsprechende Straftatbestände im Amt (so etwa Bestechlichkeit, Bestechung, Rechtsbeugung, Verletzung von Dienstgeheimnissen und einer besonderen Geheimhaltungspflicht, Verletzung von Steuergeheimnissen) anwendbar sind.

Neu gefasst und verschärft sind insbesondere die Bestimmungen des § 108 e Strafgesetzbuch über die Bestechlichkeit und Bestechung von Mandatsträgern. Damit wird jedwede korrumpierende Verhaltensweise von und gegenüber Mandatsträgern unter Strafe gestellt. Die Regelungen gelten in vollem Umfang auch für Ortschaftsräte.

9.3 Ahndung von Pflichtverletzungen

Ein Mitglied des Ortschaftsrats, das gegen ihm auferlegte Pflichten des Kommunalverfassungsrechts verstößt, kann vom Gemeinderat mit einem Ordnungsgeld zwischen 50 Euro und 1000 Euro belangt werden.

9.4 Disziplinarische Haftung

Eine solche ist ausgeschlossen, da der Ortschaftsrat nicht Beamter im Sinne des Beamtengesetzes ist.

10. Entschädigung für ehrenamtliche Tätigkeit

10.1 Auslagenersatz und Verdienstausfall

Als ehrenamtlich Tätige haben Ortschaftsräte nach der Gemeindeordnung Anspruch auf Ersatz ihrer **Auslagen** und ihres **Verdienstausfalls**, die ihnen durch die Teilnahme an Sitzungen des Ortschaftsrats sowie bei Fraktionssitzungen, die unmittelbar der Vorbereitung von Sitzungen dienen, entstehen. Gleiches gilt bei Reisen sowie bei Besichtigungen, die durch den Ortschaftsrat veranlasst sind. Bei Tätigkeit in anderen öffentlichen Gremien gelten die dort vorhandenen besonderen Vorschriften. Nehmen Ortschaftsräte an Festveranstaltungen teil, so erhalten sie eine Entschädigung, wenn sie als offizielle Vertreter tätig sind.

Zu den Auslagen zählen etwaige Auslagen des Ortschaftsrats für den Weg zum Sitzungsraum sowie erhöhte Verpflegungskosten. Arbeitsverdienst ist sowohl derjenige aus nicht selbstständiger Tätigkeit wie auch aus selbstständiger Tätigkeit.

10.2 Einzelabrechnung, Durchschnittsbeträge

Der Auslagen- und Verdienstausfallersatz wird in Höhe der nachgewiesenen oder glaubhaft gemachten Beträge erstattet. Die Erstattung kann aber auch durch **Satzung** pauschaliert erfolgen. Dies erübrigt Einzelnachweise und vermindert den Verwaltungsaufwand bei der Abrechnung. Die pauschale Abrechnung kann in zwei verschiedenen Formen geregelt werden; nämlich durch Festsetzung von Durchschnittssätzen oder durch Gewährung einer Aufwandsentschädigung. Welche Entschädigungsform für den Ortschaftsrat gelten soll, hat der Gemeinderat in der örtlichen Satzung über die Entschädigung für ehrenamtliche Tätigkeit zu entscheiden.

Wird anstelle von Einzelabrechnungen oder Durchschnittssätzen eine regelmäßig zu zahlende Aufwandsentschädigung gewährt, so ist diese ebenfalls in der Entschädigungssatzung festzulegen. Mit ihr wird die gesamte Tätigkeit des Ortschaftsrats bzw. die dabei entstehenden zeitlichen und finanziellen Aufwendungen abgegolten.

10.3 Reisekosten

Durchschnittssätze bzw. Aufwandsentschädigung gelten grundsätzlich auch Aufwendungen des Ortschaftsrats bei auswärtiger Tätigkeit ab. In der Entschädigungssatzung kann jedoch bestimmt werden, dass daneben noch Reisekosten nach den für Beamte geltenden Bestimmungen des Reisekostenrechts gezahlt werden, um die besonderen Aufwendungen bei auswärtiger Tätigkeit zu erstatten.

10.4 Steuerliche Behandlung

Die Entschädigungen für ehrenamtliche Tätigkeit sind **einkommen-** und **lohnsteuerpflichtige** Einkünfte, soweit dadurch nicht nur tatsächliche Aufwendungen abgegolten werden sollen. Ohne besondere Nachweise wird für Ortschaftsräte jedoch ein **steuerfreier Betrag** in Höhe von 250 Euro monatlich oder 3000 Euro jährlich anerkannt. Hintergrund ist, dass zuletzt auf Initiative des Landes Baden-Württemberg die Steuerfreibeträge, die den steuerlich abzugsfähigen Aufwand pauschal berücksichtigen, in allen Ländern rückwirkend ab dem 1. Januar 2021 angehoben worden waren. Neben diesen Steuerfreibeträgen können Ortschaftsräten noch Reisekosten nach den Bestimmungen des Reisekostenrechts steuerfrei gewährt werden. Soweit die Ortschaftsräte einen höheren steuerfreien Betrag erreichen wollen, müssen sie dem Finanzamt gegenüber einen entsprechend höheren Aufwand aus Anlass der Ausübung ihres Amtes nachweisen.

11. Unfallschutz

11.1 Anspruchsbegründende Tätigkeit

Es ist gerechtfertigt, dass Ortschaftsräten während der Ausübung ihres Amtes Unfallschutz eingeräumt wird. Einbezogen sind dabei Sitzungen, Besichtigungen, dienstliche Reisen, wobei jeweils der An- und Abfahrtsweg einbezogen ist. Der Umfang des Unfallschutzes ist derselbe wie bei Ehrenbeamten.

11.2 Umfang der gesetzlichen Unfallversicherung

Das Unfallversicherungsrecht sieht bestimmte Leistungen wie z. B. die ärztliche Behandlung vor, die über die Unfallkasse Baden-Württemberg als kommunalem Träger der gesetzlichen Unfallversicherung gewährt werden. Wie bei Ehrenbeamten ergibt sich der Umfang des Versicherungsschutzes aus § 75 Landesbeamtenversorgungsgesetz (LBeamtVGBW). Umfasst ist beispielsweise der Anspruch auf ein Heilverfahren nach § 48 LBeamtVGBW (notwendige ärztliche Behandlung, Versorgung mit Arznei-, Heil- und Hilfsmitteln sowie notwendige Pflege).

12. Wahl der Ortschaftsräte

12.1 Wahlgrundsätze

Die Amtszeit der Ortschaftsräte ist an die der **Gemeinderäte angeglichen**. Sie beträgt fünf Jahre. Sie endet grundsätzlich mit Ablauf des Monats, in dem die regelmäßigen Wahlen stattfinden. Sobald die Wahlprüfungsbehörde die Gültigkeit der Wahl festgestellt hat, ist der neu gewählte Ortschaftsrat unverzüglich zur ersten Sitzung einzuberufen. Bis zur ersten Sitzung des neu gewählten Ortschaftsrats führt der bisherige die Geschäfte weiter. Wurde die Wahl von der Wahlprüfungsbehörde beanstandet oder ist sie angefochten, tritt der neue Ortschaftsrat erst nach der rechtsgültigen Entscheidung und ggf. nach einer Neuwahl zusammen. Ausnahmen von der regelmäßigen Amtszeit gelten bei nachrückenden Ortschaftsräten oder bei einer notwendig werdenden Ergänzungswahl. In diesem Fall beschränkt sich die Amtszeit auf die noch verbleibende Zeit bis zur nächsten regelmäßigen Wahl. Der Ortschaftsrat selbst kann die Amtszeit nicht verkürzen. Er kann sich insbesondere **nicht selbst auflösen**. Auch die Rechtsaufsichtsbehörde kann – aus welchen Gründen auch immer – einen rechtmäßig amtierenden Ortschaftsrat nicht auflösen.

12.2 Vorzeitiges Ausscheiden

Ortschaftsräte scheiden kraft Gesetzes aus dem Ortschaftsrat aus, wenn folgende Tatbestände eintreten:

Verlust der Wählbarkeit

Die Wählbarkeit verliert, wem durch Richterspruch das Wahlrecht oder die Fähigkeit zur Bekleidung öffentlicher Ämter aberkannt wurde oder wem förmlich ebenfalls durch Richterspruch die Wählbarkeit aberkannt wurde (§ 72 i.V. mit § 28 GemO). Der Ausschlussgrund einer umfassenden Betreuungsanordnung, welcher aufgrund der Entscheidung des Bundesverfassungsgerichts (BVerfG) vom 29.1.2019 durch § 57a KomWG zwischenzeitlich ausgesetzt worden war, ist durch Art. 3 des Gesetzes zur Änderung wahlrechtlicher Vorschriften vom 15.10.2020 (endgültig) entfallen.

Hinderungsgründe

Sogenannte Hinderungsgründe (§ 72 i.V. mit § 29 GemO) führen nicht zum Verlust der Wählbarkeit. Sie führen aber dazu, dass ein Ortschaftsrat, bei dem ein solcher Hinderungsgrund eintritt, dann dem Gremium nicht (mehr) angehören kann. Folgende Personen sind am Eintritt in den oder am Verbleiben im Ortschaftsrat gehindert:

- Beamte (ausgenommen Ehrenbeamte) und Arbeitnehmer der Gemeinde bzw. der Ortschaft, eines Gemeindeverwaltungsverbands, Nachbarschaftsverbands und Zweckverbands, dessen Mitglied die Gemeinde ist, sowie der erfüllenden Gemeinde einer vereinbarten Verwaltungsgemeinschaft, der die Gemeinde angehört, oder einer Stiftung des öffentlichen Rechts, die die Gemeinde verwaltet;
- leitende Beamte und leitende Arbeitnehmer einer sonstigen Körperschaft öffentlichen Rechts, wenn die Gemeinde in einem beschließenden Kontrollorgan der Körperschaft mehr als die Hälfte der Stimmen hat;
- leitende Beamte und leitende Arbeitnehmer eines Unternehmens in der Rechtsform des privaten Rechts, wenn die Gemeinde mit mehr als 50 v.H. an dem Unternehmen beteiligt ist, oder einer selbstständigen Kommunalanstalt der Gemeinde oder einer gemeinsamen selbstständigen Kommunalanstalt, an der die Gemeinde mit mehr als 50 v.H. beteiligt ist;
- Beamte und Arbeitnehmer der Rechtsaufsichtsbehörde, der oberen und der obersten Rechtsaufsichtsbehörde, die unmittelbar mit der Ausübung der Rechtsaufsicht befasst sind, sowie leitende Beamte und leitende Arbeitnehmer der Gemeindeprüfungsanstalt.

Ortschaftsräte scheiden zwar nicht kraft Gesetzes aus dem Ortschaftsrat aus, können aber ihr Ausscheiden verlangen, wenn sie einen wichtigen Grund für ein Ausscheiden geltend machen können.

Nachrücken

Tritt ein Ortschaftsrat aus einem der oben genannten Gründe nicht in den Ortschaftsrat ein oder scheidet er deswegen während der Amtszeit aus dem Ortschaftsrat aus, so rückt für ihn eine **Ersatzperson** nach. Als Ersatzleute werden nach jeder Wahl die bei dieser Wahl nicht zum Zuge gekommenen Bewerber festgestellt. Fand Verhältniswahl statt, werden die Bewerber, auf die kein Sitz entfällt, in der Reihenfolge der von ihnen erreichten Stimmenzahlen als Ersatzleute ihres Wahlvorschlags bestimmt. Bei unechter Teilortswahl ist auch der Inhaber eines Ausgleichssitzes, für einen unmittelbar im Wohnbezirk Gewählten, Ersatzperson. Bei Mehrheitswahl werden die Ersatzleute in der Reihenfolge der von ihnen erreichten Stimmenzahlen festgestellt.

Stehen beim Ausscheiden eines Ortschaftsrats keine Ersatzleute – im Fall der Verhältniswahl aus dem Wahlvorschlag, aus dem der ausscheidende Ortschaftsrat gewählt war – mehr zur Verfügung, so bleibt der frei gewordene Sitz bis zur nächsten regelmäßigen Wahl der Ortschaftsräte leer, es sei denn, es wären mehr als ein Drittel der Sitze nicht mehr besetzt. Dann muss eine Ergänzungswahl stattfinden.

TEIL IV. Rechtsstellung und Pflichten des Ortsvorstehers

1. Allgemeines

Das Gemeindeverfassungsrecht kennt **drei Formen** der Bestellung des Ortsvorstehers.

1.1 Ehrenamtlicher Ortsvorsteher

Er wird vom Gemeinderat auf **Vorschlag des Ortschaftsrats** aus dem Kreis der zum Ortschaftsrat wählbaren Bürger gewählt, muss also nicht zwingend aus der Mitte des Ortschaftsrats kommen und damit nicht unbedingt Ortschaftsrat sein. Zum ehrenamtlichen Ortsvorsteher kann auch ein Gemeindebediensteter, der in der betreffenden Ortschaft seinen Hauptwohnsitz hat, gewählt werden. Der ehrenamtliche Ortsvorsteher wird zum Ehrenbeamten auf Zeit ernannt.

1.2 Hauptamtlicher Ortsvorsteher

In Ortschaften mit **örtlicher Verwaltung** wird, wenn die Hauptsatzung dies so bestimmt, ein hauptamtlicher Ortsvorsteher bestellt. Dies geschieht in der Weise, dass ein Gemeindebeamter (die Bestellung eines Gemeindeangestellten ist nicht möglich) im Einvernehmen mit dem Ortschaftsrat zum Ortsvorsteher berufen wird. Als Beamter kann der hauptamtliche Ortsvorsteher – anders als der ehrenamtliche Ortsvorsteher – nicht gleichzeitig Gemeinderat sein (§ 29 GemO).

1.3 Bisherige Bürgermeister als Ortsvorsteher

Beim **Zusammenschluss von Gemeinden** können die bisherigen Bürgermeister mit ihrer Zustimmung zu Ortsvorstehern bestellt werden, wenn für neu gebildete oder eingegliederte Gemeinden Ortschaften mit Ortschaftsverfassung eingerichtet werden und die Vereinbarung über die Neubildung oder Eingliederung eine entsprechende Regelung enthält. Dies gilt sowohl für bisher hauptamtliche wie bisher ehrenamtliche Bürgermeister. Die zum Ortsvorsteher bestellten bisherigen Bürgermeister behalten ihren zuvor innegehabten beamtenrechtlichen Status.

2. Amtszeit

Die Amtszeit des Ortsvorstehers, und zwar des hauptamtlichen wie ehrenamtlichen, ist an die des **Ortschaftsrats** gekoppelt. Sie endet jeweils mit der generell fünfjährigen Amtszeit des Ortschaftsrats. Bis zum Amtsantritt des neu gewählten Ortsvorstehers führt der bisherige die Geschäfte weiter; sein Dienstverhältnis besteht dann so lange weiter. Ausnahmsweise gilt dies nicht, wenn der bisherige Ortsvorsteher

- zuvor schriftlich die Weiterführung der Geschäfte abgelehnt hat;
- vorläufig des Dienstes enthoben ist oder wenn gegen ihn öffentlich Klage wegen eines Verbrechens erhoben ist.

Die Amtszeit eines Ortsvorstehers, der als bisheriger Bürgermeister in dieses Amt bestellt wurde, läuft zunächst bis zum Ende der Amtszeit der erstmaligen Ortschaftsräte; wenn seine Amtszeit als ehemaliger Bürgermeister länger ist, bis zum Ende dieser. Wird er – was möglich ist – danach erneut zum Ortsvorsteher berufen, endet seine Amtszeit jeweils mit der der Ortschaftsräte.

3. Aufwandsentschädigung, Besoldung des Ortsvorstehers

3.1 Ehrenamtliche Ortsvorsteher

Aufwandsentschädigung

Ehrenamtlichen Ortsvorstehern wird kraft Gesetzes eine Aufwandsentschädigung gewährt (§ 9 Aufwandsentschädigungsgesetz – AufwEntG). Die Höhe dieser Aufwandsentschädigung wird in der Satzung über die Entschädigung für ehrenamtliche Entschädigung festgelegt. Die Aufwandsentschädigung kann als Vom-Hundert-Anteil der für einen ehrenamtlichen Bürgermeister gesetzlich festgelegten Aufwandsentschädigung oder in einem Betrag (Festbetrag) bestimmt werden. In Ortschaften mit mehr als 2000 Einwohnern ist die größte Gemeindegrößengruppe nach der Anlage zum Aufwandsentschädigungsgesetz für ehrenamtliche Bürgermeister und ehrenamtliche Ortsvorsteher maßgebend. Wurde die Aufwandsentschädigung als Festbetrag bestimmt, so wird sie durch Rechtsverordnung jeweils in ihrer Höhe der Besoldungsentwicklung angepasst.

Steuerliche Behandlung

Die den ehrenamtlichen Ortsvorstehern gewährte Aufwandsentschädigung ist in Höhe von 250 Euro monatlich oder 3000 Euro jährlich ohne weiteren Nachweis **steuerfrei.** Nach einem Urteil des FG Baden-Württemberg vom 17.10.2019 (Az. 3 K 1507/18) kann die Steuerbefreiung nach § 3 Nr. 12 EStG für die von einer Gemeinde bezahlten Aufwandsentschädigungen nicht kumulativ in Anspruch genommen werden, wenn der Ortsvorsteher zugleich Mitglied des Ortschaftsrats ist.

Sozialversicherung

Die Aufwandsentschädigung ehrenamtlicher Ortsvorsteher unterliegt grundsätzlich der Sozialversicherung. Sozialversicherungsfrei ist sie nur dann, wenn die Geringfügigkeitsgrenzen nicht überschritten werden. Einmalige jährliche Zahlungen (z.B. Weihnachtsgeld, Urlaubsgeld) sind ebenso entsprechend zu berücksichtigen.

Reisekosten

Ehrenamtliche Ortsvorsteher haben als Ehrenbeamte bei Dienstreisen einen gesetzlichen Anspruch auf Reisekostenvergütung nach den für Beamte geltenden Bestimmungen des Reisekostenrechts.

3.2 Hauptamtliche Ortsvorsteher

Besoldung

Die Besoldung hauptamtlicher Ortsvorsteher richtet sich nach der Besoldungsgruppe, in der sie als hauptamtliche Beamte eingestuft sind. Es gibt also **keine besondere Besoldungstabelle** für hauptamtliche Ortsvorsteher.

4. Unfallfürsorge

Bezüglich ehrenamtlicher Ortsvorsteher wird auf die Ausführungen in Teil III Abschnitt 11 verwiesen.

Für hauptamtliche Ortsvorsteher gilt das Beamten- und Beamtenversorgungsrecht.

TEIL V. Sitzungen des Ortschaftsrats

Der Ortschaftsrat ist ein kollegiales, aus mehreren gleichberechtigten Mitgliedern bestehendes Gremium der Ortschaft. Als solches kann er nur gemeinsam tätig werden. Einzelne Ortschaftsräte können keine verbindlichen Entscheidungen treffen.

1. Öffentliche Sitzungen

1.1 Allgemeines

Für den Ortschaftsrat gilt der demokratische und parlamentarische **Grundsatz** der öffentlichen Sitzungen (§ 35 GemO). Er hat deshalb grundsätzlich öffentlich zu beraten und zu beschließen. Damit soll dem Bürger Gelegenheit gegeben werden, die Arbeit des Ortschaftsrats zu beobachten, um so auch das **Interesse** am kommunalen Geschehen zu verstärken.

1.2 Öffentliche Bekanntgabe der Sitzungen

Damit der Bürger auch von den Sitzungen des Ortschaftsrats erfährt, sind Zeit, Ort und Tagesordnung der öffentlichen (nicht der nicht öffentlichen) Sitzungen rechtzeitig ortsüblich bekannt zu geben. Eine besondere Form der Bekanntgabe ist nicht vorgeschrieben. Rechtzeitig ist die Bekanntgabe dann, wenn sie wenigstens drei Tage vor der Sitzung erfolgt. Hintergrund ist, dass dieser Zeitraum im Zuge der Novelle der Gemeindeordnung 2015 nicht näher bestimmt wurde, sodass (nach wie vor) von einer Frist von mindestens drei Tagen auszugehen ist.

Sofern eine Gemeinde ein elektronisches Informationssystem betreibt, veröffentlicht sie auf ihrer Internetseite auch Zeit, Ort und Tagesordnung der öffentlichen Sitzungen des Ortschaftsrats (§ 41b Abs. 1 GemO); ferner sind von diesen Kommunen auch die Beratungsunterlagen (Abs. 2) und die gefassten oder bekannt gegebenen Beschlüsse (Abs. 3) zu veröffentlichen. Für alle Kommunen regelt § 41b, dass – unabhängig davon, ob ein Ratsinformationssystem existiert – Beratungsunterlagen in öffentlichen Sitzungen auszulegen sind (Abs. 3).

1.3 Öffentlichkeit

Öffentliche Sitzungen des Ortschaftsrats kann **jedermann,** also auch Auswärtige, Ausländer ohne Bürgerrecht, sowie Minderjährige als Zuhörer besuchen. Der Sitzungsraum muss ohne Weiteres erreichbar sein und ausreichend Platz für Zuhörer haben. Ist wegen eines besonderen Andrangs zu erwarten, dass nicht alle Zuhörer Platz finden, können Platzkarten ausgegeben werden.

Tonbandaufnahmen, auch der Presse, sind, ausgenommen für Zwecke der Niederschrift, nur mit ausdrücklicher Zustimmung des jeweiligen Redners zulässig.

2. Nichtöffentliche Sitzungen

Nicht alle Verhandlungsgegenstände, die der Ortschaftsrat zu beraten hat, können in öffentlicher Sitzung verhandelt werden. Es liegt jedoch nicht im freien Ermessen des Ortschaftsrats, darüber zu befinden, ob er öffentlich oder nicht öffentlich tagen will. Vielmehr muss und darf er nur dann nicht öffentlich beraten und beschließen, wenn das **öffentliche Wohl** oder **berechtigte Interessen** Einzelner dies erfordern. Die Fälle der nicht öffentlichen Sitzungen decken sich weitgehend mit denjenigen, für die Verschwiegenheitspflicht gesetzlich vorgeschrieben bzw. besonders angeordnet ist oder aus der Natur der Sache heraus besteht. An nicht öffentlichen Sitzungen – sie werden nicht ortsüblich bekannt gegeben – dürfen nur Ortschaftsräte und die zu diesen Sitzungen hinzugezogenen Gemeindebediensteten, sachkundigen Einwohner und Bürger, Sachverständigen, der Bürgermeister sowie Gemeinderäte, die nicht Ortschaftsräte sind, aber in der Ortschaft wohnen oder als Vertreter des Wohnbezirks gewählt sind, zu dem die Ortschaft gehört, teilnehmen. Über den Verlauf und das Ergebnis nicht öffentlicher Sitzungen besteht Verschwiegenheitspflicht (siehe hierzu Teil III Abschnitt 7).

Die Entscheidung darüber, welche Verhandlungsgegenstände in öffentlicher oder nicht öffentlicher Sitzung beraten werden sollen, trifft der Ortsvorsteher als Vorsitzender des Ortschaftsrats bereits bei Aufstellung der Tagesordnung. Ortschaftsräte können jedoch noch in der Sitzung beantragen, einen Verhandlungsgegenstand entgegen der Tagesordnung entweder in die öffentliche oder nicht öffentliche Sitzung zu verweisen. Über solche Anträge entscheidet der Ortschaftsrat in nicht öffentlicher Sitzung. Ein Verhandlungsgegenstand, der in die öffentliche Sitzung verwiesen wird, kann, da er zuvor nicht ortsüblich bekannt gegeben wurde, erst in der nächsten Sitzung des Ortschaftsrats – nach ordnungsgemäßer ortsüblicher Bekanntgabe – verhandelt werden. Dies gilt nicht für Notfälle.

3. Sitzungsvorbereitung

3.1 Zuständigkeit

Die Sitzungen des Ortschaftsrats werden vom Ortsvorsteher als Vorsitzendem des Ortschaftsrats vorbereitet. Er stellt die Tagesordnung auf und sorgt dafür, dass die für die Beratung notwendigen Unterlagen beschafft werden. Dazu holt er ggf. Auskünfte und Stellungnahmen ein. Er stellt auch die notwendigen Beratungsvorlagen auf und gibt sie an die Mitglieder des Ortschaftsrats.

3.2 Einberufung von Sitzungen

Der Ortsvorsteher beruft zu Sitzungen ein. Nur in einer **ordnungsgemäß einberufenen Sitzung** kann der Ortschaftsrat rechtmäßig beraten und beschließen. Eine zufällige Versammlung selbst aller Ortschaftsräte kann also nicht zu einer Sitzung des Ortschaftsrats umfunktioniert werden. Anstelle des z.B. wegen Krankheit, Urlaub oder dienstlicher Ortsabwesenheit verhinderten Ortsvorstehers beruft dessen Stellvertreter zu Sitzungen ein. Der Stellvertreter des Ortsvorstehers kann aber nur im **Verhinderungsfall** tätig werden.

3.3 Einberufungsnotwendigkeit

Zu Sitzungen ist einzuberufen, wenn es die Geschäftslage erfordert. Mindestens **einmal im Monat** soll eine Sitzung stattfinden. Von diesem Sollgrundsatz kann selbstverständlich abgewichen werden, wenn keine beratungsreifen Verhandlungsgegenstände vorliegen. Die Zahl der Sitzungen richtet sich somit wesentlich nach der Menge und Verhandlungsreife der Verhandlungsgegenstände. Je nach der Größe der Ortschaft und dem Umfang der dem Ortschaftsrat übertragenen Aufgaben kann also die Zahl der Ortschaftsratssitzungen sehr unterschiedlich sein.

In der Geschäftsordnung können **regelmäßige Sitzungstage** oder ein **Sitzungskalender** festgelegt werden. Dies entbindet jedoch den Vorsitzenden nicht von der Pflicht, zu jeder Sitzung gleichwohl rechtzeitig und formrichtig einzuladen. Eine Sitzung ist **unverzüglich einzuberufen,** wenn dies von einem Viertel der Ortschaftsräte unter Angabe des Verhandlungsgegenstands gefordert wird und der Verhandlungsgegenstand zum Aufgabenbereich des Ortschaftsrats gehört. Auf Antrag einer Fraktion oder eines Sechstels der Ortschaftsräte ist ein Punkt auf die Tagesordnung spätestens der übernächsten Sitzung des Ortschaftsrats zu setzen.

3.4 Einberufungsfrist

Sitzungen des Ortschaftsrats müssen rechtzeitig mit angemessener Frist einberufen werden. Seit der Novelle der Gemeindeordnung 2015 beträgt die Frist zur Mitteilung der Tagesordnung nebst Sitzungsunterlagen in der Regel mindestens sieben Tage vor dem Sitzungstag; wobei die Einladung, Tagesordnung und Sitzungsunterlagen regelmäßig zeitgleich verschickt werden. Die Rechtzeitigkeit der Einberufung soll dem Ortschaftsrat die Gelegenheit verschaffen, sich ausreichend auf die Sitzung vorbereiten zu können. Dabei handelt es sich bei der Siebentagefrist um eine Mindestfrist, sodass bei schwierigen Verhandlungsgegenständen oder umfangreichen Sitzungsunterlagen eine längere Frist zur Vorbereitung geboten sein kann (LT-Drs. 15/7265, 40). Nur in Notfällen, das heißt in äußerst dringlichen Angelegenheiten, ist eine kürzere Frist zulässig. Wurde die Sitzung nicht fristgerecht einberufen, kann nicht rechtmäßig beraten und beschlossen werden.

3.5 Grundsatz der schriftlichen Einberufung

Der Ortschaftsrat muss grundsätzlich schriftlich oder, wenn die technischen Voraussetzungen gegeben sind, auch elektronisch zur Sitzung einberufen werden. Nur in Notfällen kann von der Schriftform abgewichen werden. Aus der Einberufung müssen sich Ort, Zeit und Beginn sowie die Tagesordnung der Sitzung ergeben. Die Einladung muss jedem Ortschaftsrat zugestellt werden. Dies gilt auch dann, wenn vorauszusehen ist, dass ein bestimmter Ortschaftsrat nicht an der Sitzung teilnehmen kann. Auch befangene Ortschaftsräte sind grundsätzlich einzuladen, vor allem dann, wenn ihr Mitwirkungsverbot vom Ortschaftsrat noch nicht festgestellt wurde. Nur die förmlich von der Sitzung ausgeschlossenen Ortschaftsräte bekommen keine Einladung.

Gemeinderäten, die nicht Ortschaftsräte sind, aber in der Ortschaft wohnen oder als Vertreter eines Wohnbezirks gewählt sind, zu dem die Ortschaft gehört, und die deshalb an allen Sitzungen des Ortschaftsrats teilnehmen dürfen, sollte die Einladung zu Ortschaftsratssitzungen zur Kenntnis übersandt werden.

3.6 Tagesordnung

In die Tagesordnung müssen alle zur Information, Beratung und Beschlussfassung vorgesehenen Angelegenheiten aufgenommen werden. Die Tagesordnung muss in eine solche für die **öffentliche** und **nicht öffentliche** Sitzung **getrennt** werden.

Soweit erforderlich, kann der Ortsvorsteher die Tagesordnung nachträglich erweitern. Auch diese Ergänzung ist den Ortschaftsräten rechtzeitig mitzuteilen. Ebenso kann der Vorsitzende Punkte aus der Tagesordnung streichen und Änderungen in der Reihenfolge vornehmen. Mit Beginn der Sitzung wird allerdings der Ortschaftsrat Herr des Verfahrens. Von diesem Zeitpunkt an bestimmt er, ob die Tagesordnung so abgewickelt werden soll, wie sie vom Vorsitzenden vorgeschlagen wurde. Der Ortschaftsrat ist somit nicht an den Tagesordnungsvorschlag des Vorsitzenden gebunden. Er kann die Tagesordnung ändern und ergänzen, auch ggf. ihre Reihenfolge neu bestimmen. Neue Beratungsgegenstände können, von Eilfällen abgesehen, in derselben öffentlichen Sitzung nicht beraten werden, da sie zuvor nicht ortsüblich bekannt gegeben worden sind.

Der Ortschaftsrat muss aus der Tagesordnung die **einzelnen Beratungsgegenstände** entnehmen können. Sie müssen deshalb auch möglichst genau beschrieben werden. Lediglich unproblematische und unbedeutende Beratungsgegenstände dürfen unter einer Sammelbezeichnung wie etwa „Verschiedenes" zusammengefasst werden. Mit der Tagesordnung sind den Ortschaftsräten auch die zur Verhandlung notwendigen **Beratungsunterlagen** zu übersenden; ausgenommen sind nicht öffentliche Sitzungen.

Mit dem sogenannten Einwohnerantrag (§ 20b GemO) kann auch die Bevölkerung einer Ortschaft die Verhandlung bestimmter Angelegenheiten im Ortschaftsrat verlangen. Der Einwohnerantrag ist schriftlich einzureichen und muss von mindestens 3 % der in der Ortschaft wohnenden Bürger und Einwohner unterzeichnet sein. Ist der Antrag zulässig – worüber der Ortschaftsrat entscheidet –, ist die Angelegenheit auf die Tagesordnung des Ortschaftsrats zu setzen.

4. Geschäftsordnung

Die Gemeindeordnung legt einige Grundsätze für den Gang der Verhandlungen des Ortschaftsrats fest. Darüber hinaus soll sich der Ortschaftsrat eine Geschäftsordnung geben, in der er seine inneren Angelegenheiten, insbesondere den Gang der Verhandlungen, im Rahmen der gesetzlichen Vorgaben regelt. Die Geschäftsordnung des Gemeinderats gilt nicht automatisch auch für den Ortschaftsrat. Er kann jedoch die Geschäftsordnung für den Gemeinderat entsprechend anwenden. In der Geschäftsordnung können insbesondere folgende Regelungen getroffen werden: die **Mindestfrist** für die Einberufung von Sitzungen, regelmäßige **Sitzungstage,** die **Sitzordnung** des Ortschaftsrats, die **Redeordnung,** die **Vertagung** von Beratungsgegenständen, das **Abstimmungsverfahren,** die **Losziehung** bei Wahlen, die Form der Bekanntgabe von **Sitzungsniederschriften, Anfragen** außerhalb der Tagesordnung, die Bildung von **Fraktionen.** Der Ortschaftsrat kann im Einzelfall Abweichungen von der Geschäftsordnung beschließen, ohne diese formell ändern zu müssen. Gesetzlich zwingende Vorschriften müssen allerdings eingehalten werden. Ein Muster einer Geschäftsordnung für den Ortschaftsrat ist im Anhang abgedruckt.

5. Vorsitz und Verhandlungsleitung

Vorsitzender des Ortschaftsrats ist der **Ortsvorsteher.** Im Verhinderungsfall vertritt ihn sein Stellvertreter. Dem Bürgermeister kann der Vorsitz **nicht** übertragen werden. In Sitzungen, die ohne Vorsitzenden stattfinden würden, ist eine rechtmäßige Beratung und Beschlussfassung nicht möglich.

Der Vorsitzende eröffnet, leitet und schließt die Sitzung. Er handhabt die Ordnung und übt das Hausrecht aus, er gewährleistet also den ungestörten Ablauf der Sitzung.

Stören Zuhörer die Sitzung, können sie zur Ordnung gerufen und notfalls des Sitzungsraums verwiesen werden. Bei allgemeiner Unruhe, die den Gang der Verhandlungen erheblich stört, kann der Vorsitzende alle Zuhörer aus dem Sitzungsraum, notfalls polizeilich, entfernen lassen. Außerdem regelt er den Zutritt zum Sitzungsraum. Auch Ortschaftsräte, zur Sitzung zugezogene sachkundige Einwohner und Sachverständige sowie Gemeinderäte, die an der Sitzung teilnehmen, dürfen den ordnungsgemäßen Sitzungsablauf nicht stören. Auch sie kann der Vorsitzende, z.B. bei unsachlichen, störenden Zwischenrufen oder bei der Unterbrechung von Rednern, denen das Wort erteilt ist, zur Ordnung rufen. Verletzen sie die Ordnung durch nicht zum Verhandlungsthema gehörende, unsachliche, beleidigende oder gar verleumderische Ausführungen, so kann ihnen der Vorsitzende das Wort entziehen. Bei grober Ungebühr oder wiederholten Ordnungsverletzungen kann ein Ortschaftsrat oder ein anderer an der Sitzung Teilnehmender vom Vorsitzenden auch aus dem Beratungsraum verwiesen werden. Er verliert damit seine Entschädigung für den Sitzungstag.

Ein Ortschaftsrat, der wiederholt und besonders erheblich gegen die Ordnung verstößt, kann vom Ortschaftsrat für mehrere, längstens sechs Sitzungen von der Teilnahme ausgeschlossen werden.

6. Eröffnung der Sitzung, Beschlussfähigkeit

6.1 Eröffnung

Der Vorsitzende eröffnet die Sitzung mit der Feststellung, dass sie ordnungsgemäß einberufen wurde und dass der Ortschaftsrat beschlussfähig ist.

6.2 Beschlussfähigkeit

Der Ortschaftsrat ist nur beschlussfähig und kann nur dann rechtmäßig beraten und beschließen, wenn **mindestens die Hälfte seiner Mitglieder** anwesend und stimmberechtigt ist. Diese Voraussetzung muss bei jedem Punkt der Tagesordnung erfüllt sein. Die Beschlussfähigkeit wird aufgrund der **tatsächlichen** Mitgliederzahl ermittelt; unbesetzte Sitze, die durch nachrückende Ersatzleute nicht besetzt werden konnten, bleiben bei Ermittlung der Beschlussfähigkeit außer Betracht. Da Mitglieder des Ortschaftsrats nur dessen ehrenamtliche Mitglieder, also die Ortschaftsräte sind, wird bei der Ermittlung der Beschlussfähigkeit auch die Person des nicht aus der Mitte des Ortschaftsrats gewählten **Ortsvorstehers** nicht mitgezählt.

Beispiel:

Sind von den durch die Hauptsatzung bestimmten zehn Sitzen nur acht besetzt, so ist die Beschlussfähigkeit gegeben, wenn mindestens vier Ortschaftsräte anwesend sind. Zur Sitzungsleitung muss allerdings auch der Vorsitzende anwesend sein. Es genügt nicht, dass die Beschlussfähigkeit nur angenommen wird oder dass der Ortschaftsrat nur zu Beginn der

Sitzung beschlussfähig ist. Sie muss vielmehr während der **ganzen Dauer** der Sitzung vorhanden sein. Sobald sie nicht mehr gegeben ist, muss die Sitzung abgebrochen werden.

6.3 Beschlussfähigkeit in Sondersituationen

Die Gemeindeordnung enthält Bestimmungen, wonach in Ausnahmefällen die Beschlussfähigkeit auch bei Anwesenheit von weniger als der Hälfte der Ortschaftsräte gegeben ist (§ 72 i.V. mit § 37 GemO). Sind mehr als die Hälfte der Ortschaftsräte **befangen,** so kann rechtmäßig beraten und beschlossen werden, wenn wenigstens ein Viertel aller Ortschaftsräte anwesend und stimmberechtigt ist. Dies muss selbstverständlich auch für den Vorsitzenden gelten. Ist der Ortschaftsrat beschlussunfähig, weil weniger als die Hälfte oder bei Befangenheit von mehr als der Hälfte nicht wenigstens ein Viertel der Ortschaftsräte **anwesend** und stimmberechtigt ist, muss eine zweite Sitzung einberufen werden. In dieser zweiten Sitzung ist der Ortschaftsrat beschlussfähig, wenn mindestens drei Mitglieder und ein Vorsitzender anwesend und stimmberechtigt sind. Kann die Beschlussfähigkeit auch in der zweiten Sitzung nicht hergestellt werden oder steht schon von Anfang an fest, dass wegen Befangenheit weniger als drei Mitglieder stimmberechtigt sind, kann der Ortschaftsrat nicht beschließen.

6.4 Ersatzbeschlussrecht des Ortsvorstehers

Kann die Beschlussfähigkeit des Ortschaftsrats weder in der ersten noch ggf. in einer weiteren Sitzung des Ortschaftsrats erreicht werden, entscheidet der **Ortsvorsteher** anstelle des Ortschaftsrats. Er muss vorher die nicht befangenen Ortschaftsräte anhören. Sind auch der Ortsvorsteher und sein Stellvertreter befangen, bleibt den Ortschaftsräten in diesem Sonderfall die Möglichkeit, für die zu treffende Entscheidung einen weiteren Stellvertreter des Ortsvorstehers zu bestellen. Geschieht dies nicht, ist eine Entscheidung nicht möglich.

7. Verlauf der Sitzungen

7.1 Allgemeines

Grundsätzlich werden die Verhandlungsgegenstände zunächst **beraten,** bevor ein Beschluss gefasst wird. Es gibt aber auch Verhandlungsgegenstände, die nur beraten werden oder über die nur informiert wird.

7.2 Sachvortrag

Der Vorsitzende oder ein Gemeindebediensteter bzw. Sachverständiger – aber auch ein Ortschaftsrat kann infrage kommen – trägt zunächst den **Sachverhalt** des Beratungsgegenstandes vor. Er kann dabei auch auf die ausgegebenen Beratungsvorlagen verweisen.

7.3 Aussprache

Nach dem Sachvortrag eröffnet der Vorsitzende als Verhandlungsleiter die Aussprache. Er gibt den Ortschaftsräten Gelegenheit zu Ausführungen. Die **Reihenfolge** bestimmt sich grundsätzlich nach der zeitlichen Reihenfolge der Wortmeldungen. Ein Ortschaftsrat darf das Wort erst nehmen, wenn es ihm vom Vorsitzenden erteilt wurde. Anträge zur **Geschäftsordnung,** also solche Anträge, die die verfahrensmäßige Behandlung eines Tagesordnungspunktes beeinflussen werden, werden vor Wortmeldungen zur Sache berücksichtigt. Ein Ortschaftsrat kann sich auch mehrmals in derselben Angelegenheit zu Wort melden.

Der Vorsitzende kann Bediensteten jederzeit das Wort erteilen und auch selbst nach jedem Redner das Wort nehmen. Ebenso hat der Vorsitzende dem Bürgermeister, wenn er an der Sitzung teilnimmt, jederzeit das Wort zu erteilen. Auch Gemeinderäten, die ein Teilnahmerecht an der Sitzung haben, muss der Vorsitzende das Wort erteilen. Er kann auch sachkundigen Einwohnern und Sachverständigen, die zur Sitzung zugezogen sind, das Wort erteilen und sie zur Stellungnahme auffordern.

Zuhörer können grundsätzlich nicht an der Aussprache teilnehmen, es sei denn, der Ortschaftsrat fordert sie ausdrücklich zu sachverständigen Auskünften auf.

7.4 Redezeit

Die Redezeit ist gesetzlich **nicht beschränkt.** Durch Geschäftsordnungsbeschluss können dazu jedoch durch den Ortschaftsrat Regelungen getroffen werden.

7.5 Beendigung der Aussprache

Liegen keine Wortmeldungen zur Aussprache mehr vor, schließt der Vorsitzende die Aussprache.

8. Anträge

8.1 Begriff

Anträge sind Vorschläge, einen Beratungspunkt im Ortschaftsrat in einer bestimmten Art und Weise zu behandeln. Sie können sich auf die sachliche, aber auch auf die verfahrensmäßige Behandlung beziehen.

8.2 Antragsrecht

Anträge können sowohl vom Vorsitzenden, z.B. zusammen mit dem Sachvortrag, aber auch von Ortschaftsräten gestellt werden. Anträge können schriftlich und mündlich, vor oder während der Beratung gestellt werden. Auch Anliegen Dritter, die an den Ortschaftsrat oder Ortsvorsteher gerichtet werden, können als Anträge übernommen werden. Die Geschäftsordnung kann nähere Bestimmungen über die Stellung von Anträgen, insbesondere zur Form und zu zeitlichen Voraussetzungen treffen. Anträge müssen **Gemeindeangelegenheiten** betreffen und zum **Aufgabenbereich des Ortschaftsrats** gehören. Damit sie abstimmungsfähig sind, müssen sie klar formuliert sein.

8.3 Antragsarten

Man unterscheidet zwei Hauptarten von Anträgen: **Sachanträge** (sie zielen auf die sachliche Behandlung einer Angelegenheit ab, z.B. Abgabe einer bestimmten Stellungnahme gegenüber dem Gemeinderat) und **Geschäftsordnungsanträge** (sie zielen auf die verfahrensmäßige Behandlung einer Angelegenheit ab, z.B. Antrag auf Zurückstellung der oben genannten Stellungnahme, weil zuvor weitere Informationen eingeholt werden sollen). Sachanträge lassen sich weiter in Haupt-, Ergänzungs- und Änderungsanträge untergliedern (z.B. Verpachtung eines Grundstücks an einen bestimmten Bewerber – Hauptantrag –, Verpachtung mit bestimmten im Hauptantrag nicht vorgesehenen Auflagen – Ergänzungsantrag –, Verpachtung des Grundstücks an einen anderen Pächter – Änderungsantrag).

Geschäftsordnungsanträge sind unter anderem:

- Übergang zur Tagesordnung (der Ortschaftsrat geht insofern zur Tagesordnung, d.h. zum nächsten Punkt der Tagesordnung über, weil er den vorigen überhaupt nicht behandeln will),
- Vertagung der Beratung,
- Änderung der Reihenfolge der Tagesordnung,
- vorzeitige Beendigung der Beratung mit sofortiger Beschlussfassung (Schluss der Debatte oder Schlussantrag) oder durch Ausschluss weiterer Wortmeldungen (Schluss der Rednerliste),
- Unterbrechung und Beendigung der Sitzung,
- Zuziehung sachkundiger Einwohner, Sachverständiger und Gemeindebediensteter,
- Ausschluss von Ortschaftsräten wegen Befangenheit.

9. Beschlussfassung

9.1 Stimmberechtigte

Die Entscheidungen des Ortschaftsrats werden durch gemeinsame Beschlüsse herbeigeführt. An der Beschlussfassung im Rahmen einer Sitzung kann nur teilnehmen, wer in der Sitzung persönlich anwesend ist. Eine Vertretung durch andere Ortschaftsräte ist nicht möglich.

9.2 Formen der Beschlussfassung

Für die Beschlussfassung in Sitzungen sind zwei Beschlussformen vorgesehen, nämlich **Abstimmungen** und **Wahlen.** Abstimmungen sind für die Beschlussfassung zu Sachfragen (z.B. Beschluss über eine Feldwegunterhaltungsmaßnahme) vorgeschrieben. Durch Wahl muss bei Personalentscheidungen entschieden werden (z.B. Vorschlag an den Gemeinderat, wer zum Ortsvorsteher bestellt werden soll).

9.3 Abstimmungen

Die Gemeindeordnung sieht vor, dass Abstimmungen in der Regel **offen** stattfinden (§ 72 i.V. mit § 37 Abs. 6 Satz 1 GemO); die Stimmabgabe erfolgt dann durch Handerheben. Soll die Stimmabgabe der einzelnen Ortschaftsräte in der Sitzungsniederschrift **festgehalten** werden, kann zusätzlich **namentliche Abstimmung** beschlossen werden. Damit die Stimmabgabe exakt festgestellt werden kann, werden in diesem Fall die Abstimmungsberechtigten einzeln (nach der Sitzordnung oder in der Reihenfolge der Anfangsbuchstaben ihrer Nachnamen) zur Stimmabgabe aufgerufen. Man kann die namentliche Abstimmung auch mit Stimmschein durchführen.

Wenn der Ortschaftsrat dies ausdrücklich im Einzelfall beschließt, kann auch **geheim,** d.h. mit verschlossen abzugebenden Stimmzetteln, abgestimmt werden. Dabei ermitteln der Vorsitzende und ein Ortschaftsrat sowie der Schriftführer das Abstimmungsergebnis.

Anträge sind so zur Abstimmung zu bringen, dass sie mit Ja oder Nein oder sonst als Ganzes angenommen oder abgelehnt werden können. Über jeden Antrag ist getrennt abzustimmen. Über gleichartige Anträge kann gemeinsam abgestimmt werden. Besteht ein Antrag aus mehreren Teilen, die keine einheitliche Beurteilung zulassen, so wird über die verschiedenen Teile getrennt abgestimmt.

Liegen Geschäftsordnungsanträge und Sachanträge vor, so wird zunächst über Geschäftsordnungsanträge, da sie eine Sachabstimmung möglicherweise überflüssig machen, dann erst über Sachanträge abgestimmt.

Bei **mehreren Geschäftsordnungsanträgen** wird über diejenigen zuerst abgestimmt, die der sachlichen Weiterberatung am meisten entgegenstehen. Damit ergibt sich folgende Reihenfolge:

- Anträge auf Übergang zur Tagesordnung,
- Anträge auf Vertagung,
- Anträge auf Änderung der Reihenfolge der Tagesordnung,
- Schlussanträge,
- Anträge auf Schluss der Rednerliste.

Über **Sachanträge** ist in folgender Reihenfolge abzustimmen:

- Änderungs- und Ergänzungsanträge vor dem Hauptantrag, und zwar über diejenigen, welche vom Hauptantrag am weitesten abrücken, zuerst,
- bei mehreren Anträgen mit finanziellen Folgen, zuerst über die weitergehenden,
- im Übrigen früher gestellte Anträge vor zeitlich späteren.

Bei Abstimmungen, für die nicht gesetzlich eine qualifizierte Mehrheit bestimmt ist, ist ein Antrag mit einfacher Mehrheit angenommen. Diese absolute Abstimmungsmehrheit ist dann erzielt, wenn die Mehrheit der Abstimmenden für den Antrag gestimmt hat, also der Antrag mehr Ja- als Neinstimmen erzielte. Stimmenthaltungen werden dabei nicht mitgezählt. Sie werden also weder als Ja- noch als Neinstimmen gewertet. In einigen Fällen – die für den Ortschaftsrat praktisch keine Relevanz haben – schreibt das Gesetz ausdrücklich eine qualifizierte Mehrheit vor (z.B. § 4 Abs. 2 GemO: Erlass/Änderung der Hauptsatzung mit der Mehrheit der Stimmen aller Mitglieder; § 21 Abs. 1 GemO: Beschluss über einen Bürgerentscheid mit zwei Drittel der Stimmen aller Mitglieder).

Beispiele:

Von zehn Personen, die sich an der Abstimmung beteiligt haben, haben sechs mit Ja gestimmt, vier waren dagegen, der Antrag ist angenommen; von zehn Stimmberechtigten hat einer mit Ja gestimmt, neun haben sich der Stimme enthalten, der Antrag ist angenommen; von zehn Stimmberechtigten haben je fünf mit Ja und fünf mit Nein gestimmt, es ergab sich also Stimmengleichheit, der Antrag ist abgelehnt, es gibt in diesem Fall auch keinen Stichentscheid des Vorsitzenden.

9.4 Wahlen

Wahlen werden grundsätzlich geheim mit **Stimmzetteln** durchgeführt. Nur wenn kein Wahlberechtigter widerspricht, kann auf Antrag offen, d.h. durch Zuruf, gewählt werden.

Wahlen werden (ausgenommen die Besetzung von Ausschüssen des Gemeinderats, wenn mehrere Wahlvorschläge vorliegen) nach dem Grundsatz der **Mehrheitswahl** durchgeführt. Jeder stimmberechtigte Ortschaftsrat kann dabei jedem Bewerber nur **eine Stimme** geben. Sind mehrere Personen zu wählen, so werden diese grundsätzlich in getrennten Wahlgängen gewählt. Sollen in einem Wahlgang ausnahmsweise mehrere Personen gleichzeitig gewählt werden, hat jeder Wahlberechtigte so viele Stimmen, wie Bewerber zu wählen sind. Auch hierbei kann jedem Bewerber nur eine Stimme gegeben werden. Außerdem müssen die Bewerber für die verschiedenen, zu besetzenden Sitze getrennt festgestellt werden.

Gewählt ist der Bewerber, der mehr als die Hälfte der Stimmen aller anwesenden Stimmberechtigten, also die **absolute Anwesenheitsmehrheit** erhält. Die höchste Stimmenzahl, also die sogenannte relative Mehrheit, reicht nicht aus.

Erreicht keiner der Bewerber die ausreichende Mehrheit im ersten Wahlgang, so findet zwischen den beiden Bewerbern mit den meisten Stimmen eine **Stichwahl** statt. Gegebenenfalls muss durch **Losentscheid** festgestellt werden, wer in die Stichwahl kommt, wenn also mehr als zwei Bewerber die gleiche Zahl an Stimmen bekamen. Im zweiten Wahlgang ist der Bewerber mit der höchsten Stimmenzahl gewählt, auch wenn er nicht die absolute Mehrheit erzielt. Steht allerdings nur **ein Bewerber** zur Wahl, so muss er auch im zweiten Wahlgang die absolute Mehrheit erzielen, um gewählt zu sein.

Endet eine Stichwahl unentschieden, weil beide Bewerber die gleiche Stimmenzahl erhielten, muss das Los entscheiden.

Der Ortschaftsrat benennt für den Losentscheid zwei seiner Mitglieder, von denen eines in Abwesenheit des andern die Lose herstellt und das andere das entscheidende Los zieht. Die Stimmenauszählung besorgen der Vorsitzende, ein Ortschaftsrat und der Schriftführer.

10. Beendigung der Sitzungen, Sitzungsunterbrechungen

Als Verhandlungsleiter schließt der Vorsitzende auch die Sitzungen. In der Regel geschieht dies, wenn die Tagesordnung abgewickelt ist. Mit Zustimmung des Ortschaftsrats kann die Sitzung jedoch auch zeitlich vorher beendet werden. Die Sitzung ist auch zu beschließen, wenn der Ortschaftsrat nicht mehr beschlussfähig ist und die Beschlussfähigkeit auch nicht mehr hergestellt werden kann. Ohne Weiteres ist die Sitzung geschlossen, wenn der Vorsitzende sie verlässt. Auch wenn ein ordnungsgemäßer Verlauf der Sitzung nicht mehr gewährleistet ist, kann der Vorsitzende die Sitzung schließen.

Eine Sitzung kann für kurze Zeit unterbrochen werden, etwa um den Fraktionen Gelegenheit zur Beratung unter sich zu geben oder aus Zeitgründen bis zum nächsten Tag. Die Sitzung ist dann nicht geschlossen; es kann vielmehr ohne erneute Einberufung wieder in die Beratung eingetreten werden.

11. Teilnahme anderer Personen an der Sitzung

11.1 Bürgermeister

Der Bürgermeister kann an allen **Sitzungen des Ortschaftsrats teilnehmen.** Auf Verlangen ist ihm jederzeit das **Wort zu erteilen** (§ 69 Abs. 4 GemO). Den Beigeordneten und ehrenamtlichen Stellvertretern steht das Recht zur Teilnahme nur zu, wenn der Bürgermeister verhindert ist.

11.2 Gemeinderäte

Gemeinderäte, die nicht zugleich Ortschaftsräte sind, aber in der **Ortschaft wohnen** oder die bei unechter Teilortswahl für den Wohnbezirk gewählt sind, zu dem die betreffende Ortschaft gehört, können mit **beratender Stimme** an allen Ortschaftsratssitzungen teilnehmen (§ 69 Abs. 4 GemO).

11.3 Sachkundige Einwohner und Sachverständige

Der Ortschaftsrat oder der Ortsvorsteher können, wenn sie der Ortschaftsrat dazu befugt hat, zur Beratung einzelner Angelegenheiten, aber nicht dauernd, sowohl bei öffentlichen wie bei nicht öffentlichen Sitzungen, Einwohner, die in bestimmten Angelegenheiten **besondere Sachkunde** besitzen, zuziehen. Entsprechendes gilt für die Zuziehung von Sachverständigen. Sachkundige Einwohner und Sachverständige haben zum Verhandlungsgegenstand Stellung zu beziehen, wenn der Ortschaftsrat dies wünscht. Sie haben jedoch **kein** selbstständiges **Mitberatungsrecht.** Sachkundige Einwohner können die Teilnahme aus wichtigen Gründen ablehnen. Wenn sie unbegründet die Teilnahme verweigern, kann ihnen der Gemeinderat ein Ordnungsgeld auferlegen.

11.4 Gemeindebedienstete

Beamte und Angestellte der Ortschaftsverwaltung müssen auf Anordnung des Ortsvorstehers, andere Gemeindebedienstete im Einvernehmen mit dem Bürgermeister, an Sitzungen teilnehmen und sachverständige Auskünfte geben. Sie haben aber kein selbstständiges Recht zur Mitberatung.

11.5 Rechtsaufsichtsbehörde

Im Rahmen ihres Aufsichtsrechts kann auch die Aufsichtsbehörde in Einzelfällen eine Teilnahme verlangen. Ihrem Vertreter muss dann die Möglichkeit eingeräumt werden, sich zu dem betreffenden Tagesordnungspunkt äußern zu können.

12. Beschlussfassung im schriftlichen und elektronischen Verfahren sowie durch Offenlegung

12.1 Voraussetzungen

Als Ausnahme von der Beschlussfassung in Sitzungen lässt die Gemeindeordnung bei Gegenständen einfacher Art die Beschlussfassung im schriftlichen oder im elektronischen Verfahren sowie im Wege der Offenlegung zu (§ 72 i.V. mit § 37 Abs. 1 Satz 2 GemO). Beide Verfahrensarten sind sogenannte vereinfachte Verfahren, bei denen die Besonderheit besteht, dass sie die öffentliche wie auch eine nicht öffentliche Beratung und Beschlussfassung ersetzen. Gegenstände einfacher Art sind solche, über die ohne mündliche Beratung wegen des einfach zu beurteilenden Sachverhalts beschlossen werden kann. Ihre **finanziellen Folgen** dürfen nur sehr gering sein.

12.2 Schriftliches, elektronisches Verfahren

Hier gibt der Vorsitzende einen schriftlichen Antrag in ein oder mehreren Fertigungen an die Ortschaftsräte, die nicht befangen oder für die nächste Sitzung von der Teilnahme ausgeschlossen sind. Der Beschluss kommt dann zustande, wenn **kein Ortschaftsrat widerspricht** und seine **Zustimmung** durch Unterschrift auf der ihm zugegangenen Fertigung des Beschlussantrags bekundet. Sofern ein solcher Antrag nicht zustande kam, weil nicht alle Mitglieder ihm zugestimmt haben, liegt rechtlich keine Beschlussfassung vor. Der Antrag kann dann ggf. in der nächsten Sitzung des Ortschaftsrats erneut eingebracht werden.

12.3 Offenlegung

Beschlüsse im Wege der Offenlegung können innerhalb oder außerhalb einer Sitzung gefasst werden. Der zur Abstimmung gestellte Antrag wird schriftlich zur Einsichtnahme durch die Ortschaftsräte aufgelegt. Soll außerhalb einer Sitzung beschlossen werden, muss den Ortschaftsräten mitgeteilt werden, innerhalb welcher Frist die Offenlegung geschieht. Offenlegungsbeschlüsse innerhalb einer Sitzung sind dann zustande gekommen, wenn während der Sitzung niemand Widerspruch erhob, solche außerhalb einer Sitzung, wenn ihnen innerhalb der Offenlegungsfrist kein Ortschaftsrat widersprach.

12.4 Durchführung von Sitzungen ohne persönliche Anwesenheit der Mitglieder im Sitzungsraum (§ 37a GemO)

Im Zuge der „Corona-Pandemie" traf der Landtag mit der Änderung der Gemeindeordnung und der damit verbundenen Erlaubnis, Gemeinderatssitzungen als Videokonferenzen durchzuführen, im Frühjahr 2020 eine weitreichende Entscheidung. Hintergrund ist, dass die Vorschriften der Gemeindeordnung und der Landkreisordnung von einer persönlichen Anwesenheit der Gemeinde- und Kreisräte in einem Sitzungsraum bei Beratung und Beschlussfassung ausgehen.

Mit dieser Gesetzesänderung (§ 37a GemO) soll den Gemeinden die Möglichkeit gegeben werden, (nur) in einfachen Fällen und in absoluten Ausnahmesituationen – wie der Corona-Pandemie – notwendige Sitzungen des Gemeinderats, die andernfalls aus schwerwiegenden Gründen nicht ordnungsgemäß durchgeführt werden könnten, ohne persönliche Anwesenheit der Ratsmitglieder im Sitzungsraum in Form einer Videokonferenz oder auf vergleichbare Weise durchzuführen. Diese Form der Durchführung von Sitzungen ist außer bei den Gegenständen einfacher Art, ansonsten auf Ausnahmefälle zu beschränken und kann nicht die herkömmliche Arbeit des Gemeinderats in Form von Präsenzsitzungen ersetzen.

13. Änderung und Aufhebung von Beschlüssen

Der Ortschaftsrat kann bereits gefasste Beschlüsse wieder aufheben oder auch ändern. Bereits **ausgeführte** Beschlüsse oder solche, aus denen Dritte bereits **Rechte erlangt** haben, sind davon ausgenommen, sofern er sich die Änderung oder Aufhebung nicht vorbehalten hat.

Die **Rechtsaufsichtsbehörde** kann verlangen, dass der Ortschaftsrat rechtswidrige Beschlüsse aufhebt und die auf ihrer Grundlage getroffenen Maßnahmen rückgängig macht.

Bereits abgeschlossene Beratungspunkte soll der Ortschaftsrat erst wieder aufgreifen, wenn neue Tatsachen oder eine neue Rechtslage inzwischen eingetreten sind.

Eine Fraktion oder ein Sechstel der Ortschaftsräte kann verlangen, dass eine Angelegenheit (erneut) auf die Tagesordnung, spätestens der übernächsten Sitzung gesetzt wird oder dass dazu eine Sitzung einberufen wird, wenn der Ortschaftsrat die Angelegenheit innerhalb von sechs Monaten seit der Antragstellung nicht schon beraten hat. Eine solche Antragstellung wäre jedoch missbräuchlich, wenn sie immer wieder benützt würde, ohne dass sich in der Zwischenzeit die Sach- oder Rechtslage geändert hätte.

14. Sitzungsniederschriften

14.1 Umfang

Über den **wesentlichen Inhalt** der Sitzungen des Ortschaftsrats muss eine Niederschrift gefertigt werden. Die Gemeindeordnung verlangt kein Wortprotokoll, aber mehr als nur ein Beschlussprotokoll. Die Niederschriften sind für die öffentlichen und nicht öffentlichen Sitzungen getrennt zu führen. Beschlüsse im schriftlichen Verfahren und im Wege der Offenlegung sowie auch Eilentscheidungen des Ortsvorstehers sind ebenfalls in die Niederschrift aufzunehmen.

14.2 Schriftführer

Die Niederschrift führt ein besonderer Schriftführer. Diese Funktion kann der Ortsvorsteher jedoch selbst übernehmen, aber auch ein dazu berufener Gemeindebediensteter, ein Ortschaftsrat, aber auch ein ehrenamtlich Tätiger.

14.3 Bekanntgabe der Niederschrift, Einsichtnahme

Die Niederschrift ist spätestens einen Monat nach der Sitzung des Ortschaftsrats dem Ortschaftsrat bekannt zu geben. Dies kann durch Verlesen, durch Offenlegung oder auf sonst geeignete Weise, bei Protokollen über öffentliche Sitzungen z.B. durch Übersendung entsprechender Mehrfertigungen an alle Ortschaftsräte geschehen. Gemäß § 38 Abs. 2 Halbs. 2 GemO, der über den Verweis des § 72 GemO Anwendung findet, dürfen allerdings Kopien der Niederschriften aus nicht öffentlichen Sitzungen weder ausgehändigt noch verschickt werden. Hintergrund ist, dass der Schutzzweck des

§ 35 Abs. 2 GemO (Pflicht zur Verschwiegenheit) – nicht gefährdet werden soll. Ortschaftsräte, die bei der Sitzung anwesend waren, können gegen den Inhalt der Niederschrift Einwendungen erheben, wenn sie diesen für unvollständig oder falsch wiedergegeben erachten. Der Ortschaftsrat beschließt über die Einwendungen; sie sind außerdem in die Niederschrift aufzunehmen.

Vor ihrer Bekanntgabe ist die Niederschrift vom Vorsitzenden, vom Schriftführer und zwei Ortschaftsräten, die an der Sitzung teilgenommen haben, zu unterzeichnen. Sie bestätigen damit die richtige Wiedergabe des Sitzungsverlaufs, die getroffenen Entscheidungen, nicht aber ihre Übereinstimmung mit diesen Beschlüssen.

In die Niederschriften über öffentliche Sitzungen kann jeder Einwohner Einsicht nehmen. Ortschaftsräten ist auch die Einsicht in die Niederschriften über nicht öffentliche Sitzungen gestattet.

Die Übermittlung von Mehrfertigungen aus öffentlichen Sitzungen an Ortschaftsräte kann der Ortschaftsrat in der Geschäftsordnung regeln. Über die Erteilung von Auszügen in anderen Fällen an Dritte entscheidet der Ortsvorsteher. Sofern die Gemeinde ein elektronisches Informationssystem betreibt, sind in öffentlicher Sitzung gefasste oder bekannt gegebene Beschlüsse im Wortlaut oder in Form eines zusammenfassenden Berichts innerhalb einer Woche nach der Sitzung auf der Internetseite der Gemeinde zu veröffentlichen (§ 72 i.V. mit 41b Abs. 5 GemO).

Anhang[2]

Muster einer Geschäftsordnung für den Ortschaftsrat[3]

____

(Name der Ortschaft)

Aufgrund des § 36 Abs. 2 i.V. mit § 72 der Gemeindeordnung (GemO) für Baden-Württemberg hat sich der Ortschaftsrat am ___.___.____ folgende GESCHÄFTSORDNUNG gegeben.

I.
Allgemeine Bestimmungen

§ 1 Zusammensetzung des Ortschaftsrats, Vorsitzender

(1) Der Ortschaftsrat besteht aus den ehrenamtlichen Mitgliedern (Ortschaftsräte).

(2) Vorsitzender des Ortschaftsrats ist der Ortsvorsteher. Bei tatsächlicher oder rechtlicher Verhinderung des Ortsvorstehers führt sein Stellvertreter den Vorsitz.

§ 2 Fraktionen (Mitgliedervereinigungen)

(1) Die Ortschaftsräte können sich zu Fraktionen (Mitgliedervereinigungen) zusammenschließen. Eine Fraktion muss einschließlich etwaiger ständiger Gäste aus mindestens zwei Ortschaftsräten bestehen.

(2) Jede Fraktion teilt ihre Gründung, Bezeichnung, Mitglieder, ständige Gäste, die Namen des Vorsitzenden und seiner Stellvertreter sowie ihre Auflösung dem Ortsvorsteher mit.

---

2 Dieses Muster wurde zuletzt im Jahr 2018 aktualisiert. Im Zuge der Reform des Kommunalverfassungsrechts, die für die aktuelle Legislaturperiode vorgesehen ist, wird das Muster einer Geschäftsordnung des Ortschaftsrates überarbeitet. Der Verlag stellt dieses Muster zum Download zur Verfügung (siehe Hinweis auf Seite 8).

3 Die hier verwendeten Personen- und Funktionsbezeichnungen gelten in gleicher Weise für männliche wie weibliche Funktionsträger/-innen.

(3) Die Bestimmungen des § 6 über die Pflicht zur Verschwiegenheit gelten für Fraktionen entsprechend.

II.
Rechte und Pflichten der Ortschaftsräte und der zur Beratung zugezogenen Einwohner und Sachverständigen

§ 3 Rechtsstellung der Ortschaftsräte

(1) Die Ortschaftsräte sind ehrenamtlich tätig.

(2) Der Ortsvorsteher verpflichtet die Ortschaftsräte in der ersten Sitzung öffentlich auf die gewissenhafte Erfüllung ihrer Amtspflichten.

(3) Die Ortschaftsräte entscheiden im Rahmen der Gesetze nach ihrer freien, nur durch das öffentliche Wohl bestimmten Überzeugung. An Verpflichtungen und Aufträge, durch die diese Freiheit beschränkt wird, sind sie nicht gebunden.

– § 32 Abs. 1 bis 3 GemO –

§ 4 Unterrichtungsrecht, Akteneinsicht, Anfragerecht der Ortschaftsräte

(1) Eine Fraktion oder ein Sechstel der Ortschaftsräte kann in allen Angelegenheiten der Ortschaft und ihrer Verwaltung verlangen, dass der Ortsvorsteher den Ortschaftsrat unterrichtet. Ein Viertel der Ortschaftsräte kann in Angelegenheiten im Sinne von Satz 1 verlangen, dass dem Ortschaftsrat oder einem von ihm bestellten Ausschuss Akteneinsicht gewährt wird. In diesem Ausschuss müssen die Antragsteller vertreten sein.

(2) Jeder Ortschaftsrat kann an den Ortsvorsteher schriftliche, elektronische oder in einer Sitzung mündliche Anfragen im Sinne des Absatzes 1 stellen. Mündliche Anfragen, die mit keinem Punkt der Tagesordnung in Verbindung stehen, sind erst nach Erledigung der Tagesordnung zulässig.

(3) Schriftliche Anfragen sind, sofern es der Gegenstand der Frage zulässt, innerhalb von vier Wochen zu beantworten. Sie können auch am Ende einer Sitzung des Ortschaftsrats vom Ortsvorsteher mündlich beantwortet werden. Können mündliche Anfragen nicht sofort beantwortet werden, teilt der Ortsvorsteher Zeit und Art der Beantwortung mit.

(4) Für Anfragen und Antworten, die wegen des öffentlichen Wohls oder wegen berechtigter Interessen einzelner im Sinne des § 35 Abs. 1 Satz 2 GemO nicht für die Öffentlichkeit bestimmt sind, ist eine die Verschwiegenheit gewährleistende Form zu wahren.

– § 24 Abs. 3 bis 5 GemO –

§ 5 Amtsführung

Die Ortschaftsräte und die zur Beratung zugezogenen Einwohner müssen ihre Tätigkeit uneigennützig und verantwortungsbewusst ausüben. Sie sind verpflichtet, an den Sitzungen des Ortschaftsrats teilzunehmen. Bei Verhinderung ist der Vorsitzende unter Angabe des Grundes rechtzeitig vor der Sitzung zu verständigen. Ist die rechtzeitige Verständigung des Vorsitzenden infolge unvorhergesehener Ereignisse nicht möglich, so kann sie nachträglich erfolgen.

– §§ 17 Abs. 1, 34 Abs. 3 GemO –

§ 6 Pflicht zur Verschwiegenheit

(1) Die Ortschaftsräte sind zur Verschwiegenheit verpflichtet über alle Angelegenheiten, deren Geheimhaltung gesetzlich vorgeschrieben, besonders angeordnet oder ihrer Natur nach erforderlich ist. Über alle in nichtöffentlicher Sitzung behandelten Angelegenheiten sind die Ortschaftsräte und die zur Beratung zugezogenen Einwohner so lange zur Verschwiegenheit verpflichtet, bis sie der Ortsvorsteher von der Schweigepflicht entbindet. Dies gilt nicht für Beschlüsse, soweit sie nach § 9 Abs. 3 bekannt gegeben worden sind.

(2) Ortschaftsräte dürfen die Kenntnis von geheim zu haltenden Angelegenheiten nicht unbefugt verwerten. Gegen dieses Verbot verstößt insbesondere, wer aus der Kenntnis geheim zu haltender Angelegenheiten für sich oder Dritte Vorteile zieht oder ziehen will.

– §§ 17 Abs. 2, 35 Abs. 2 GemO –

§ 7 Vertretungsverbot

(1) Die Ortschaftsräte dürfen Ansprüche und Interessen eines anderen gegen die Gemeinde nicht geltend machen, soweit sie nicht als gesetzliche Vertreter handeln. Ob die Voraussetzungen dieses Verbots vorliegen, entscheidet der Gemeinderat. Insbesondere darf ein dem Ortschaftsrat angehörender Rechtsvertreter ein Mandat gegen die Gemeinde nicht übernehmen, sofern es sich um Angelegenheiten handelt, mit denen er als Ortschaftsrat befasst ist bzw. Unterlagen beschaffen kann.

(2) Auf die zur Beratung zugezogenen Einwohner finden die Bestimmungen des Absatzes 1 Anwendung, wenn die zu vertretenden Ansprüche oder Interessen mit der ehrenamtlichen Tätigkeit in Verbindung stehen. Ob diese Voraussetzungen vorliegen, entscheidet der Bürgermeister.

– § 17 Abs. 3 GemO –

§ 8 Ausschluss wegen Befangenheit

(1) Ein Ortschaftsrat oder ein zur Beratung zugezogener Einwohner darf weder beratend noch entscheidend mitwirken, wenn die Entscheidung einer Angelegenheit ihm selbst oder folgenden Personen einen unmittelbaren Vorteil oder Nachteil bringen kann:
1. dem Ehegatten oder seinem Lebenspartner nach § 1 des Lebenspartnerschaftsgesetzes,
2. einem in gerader Linie oder in der Seitenlinie bis zum dritten Grad Verwandten,
3. einem in gerader Linie oder in der Seitenlinie bis zum zweiten Grad Verschwägerten, als verschwägert Geltenden oder
4. einer von ihm kraft Gesetzes oder Vollmacht vertretenen Person.

(2) Dieses Wirkungsverbot gilt auch, wenn der Ortschaftsrat oder der zur Beratung zugezogene Einwohner im Falle der Nummer 2 auch die in Absatz 1 Nr. 1 genannten Personen oder Verwandte ersten Grades
1. gegen Entgelt bei jemand beschäftigt ist, dem die Entscheidung der Angelegenheit einen unmittelbaren Vorteil oder Nachteil bringen kann, es sei denn, dass nach den tatsächlichen Umständen der Beschäftigung anzunehmen ist, dass sich der Bürger deswegen nicht in einem Interessenwiderstreit befindet;
2. Gesellschafter einer Handelsgesellschaft oder Mitglied des Vorstandes, des Aufsichtsrats oder eines gleichartigen Organs eines rechtlich selbstständigen Unternehmens ist, denen die Entscheidung der Angelegenheit einen unmittelbaren Vorteil oder Nachteil bringen kann, sofern er diesem Organ nicht als Vertreter oder auf Vorschlag der Gemeinde angehört;
3. Mitglied eines Organs einer juristischen Person des öffentlichen Rechts ist, der die Entscheidung der Angelegenheit einen unmittelbaren Vorteil oder Nachteil bringen kann und die nicht Gebietskörperschaft ist, sofern er diesem Organ nicht als Vertreter oder auf Vorschlag der Gemeinde angehört, oder
4. in der Angelegenheit in anderer als öffentlicher Eigenschaft ein Gutachten abgegeben hat oder sonst tätig geworden ist.

(3) Diese Vorschriften gelten nicht, wenn die Entscheidung nur die gemeinsamen Interessen einer Berufs- oder Bevölkerungsgruppe berührt. Sie gelten ferner nicht für Wahlen zu einer ehrenamtlichen Tätigkeit.

(4) Der Ortschaftsrat und der zur Beratung zugezogene Einwohner, bei dem ein Tatbestand vorliegt, der Befangenheit zur Folge haben kann, hat dies vor Beginn der Beratung über diesen Gegenstand dem Vorsitzenden mitzuteilen. Ob ein Ausschließungsgrund vorliegt, entscheidet in Zweifelsfällen in Abwesenheit des Betroffenen bei Ortschaftsräten der Gemeinderat, sonst der Bürgermeister.

(5) Wer wegen Befangenheit an der Beratung und Entscheidung nicht mitwirken darf, muss erkennbar die Sitzung, bei nichtöffentlichen Sitzungen auch den Sitzungsraum verlassen.
– § 18 GemO –

III.

Sitzungen des Ortschaftsrats

§ 9 Öffentlichkeitsgrundsatz, Bekanntgabe nichtöffentlich gefasster Beschlüsse

(1) Die Sitzungen des Ortschaftsrats sind öffentlich. Nichtöffentlich darf nur verhandelt werden, wenn es das öffentliche Wohl oder berechtigte Interessen Einzelner erfordern; über Gegenstände, bei denen diese Voraussetzungen vorliegen, muss nichtöffentlich verhandelt werden. Über Anträge aus der Mitte des Ortschaftsrats, einen Verhandlungsgegenstand entgegen der Tagesordnung in öffentlicher oder nichtöffentlicher Sitzung zu behandeln, wird in nichtöffentlicher Sitzung beraten und entschieden.
(2) Zu den öffentlichen Sitzungen des Ortschaftsrats hat jedermann Zutritt, soweit es die Raumverhältnisse gestatten.
(3) In nichtöffentlicher Sitzung nach Absatz 1 gefasste Beschlüsse sind nach Wiederherstellung der Öffentlichkeit oder, wenn dies ungeeignet ist, in der nächsten öffentlichen Sitzung bekannt zu geben, sofern nicht das öffentliche Wohl oder berechtigte Interessen Einzelner entgegenstehen.
– § 35 GemO –

§ 10 Verhandlungsgegenstände

(1) Der Ortschaftsrat verhandelt über Vorlagen des Ortsvorstehers, des Bürgermeisteramtes und über die dazu gestellten Anträge.
(2) Ein durch Beschluss des Ortschaftsrats erledigter Verhandlungsgegenstand wird erst erneut behandelt, wenn neue Tatsachen oder wesentliche Gesichtspunkte dies rechtfertigen.

§ 11 Sitzordnung

(1) Die Ortschaftsräte sitzen nach ihrer Fraktionszugehörigkeit. Kommt keine Einigung zustande, bestimmt der Ortsvorsteher die Reihenfolge der Fraktionen unter Berücksichtigung ihrer zahlenmäßigen Stärke im Ortschaftsrat. Die Sitzordnung innerhalb der Fraktionen wird von deren Ver-

tretern im Ortschaftsrat festgelegt. Ortschaftsräten, die keiner Fraktion angehören, weist der Ortsvorsteher den Sitzplatz zu.

§ 12 Einberufung

(1) Der Ortschaftsrat ist einzuberufen, wenn es die Geschäftslage erfordert. Der Ortschaftsrat muss unverzüglich einberufen werden, wenn es ein Viertel der Ortschaftsräte unter Angabe des Verhandlungsgegenstands beantragt. Die Verhandlungsgegenstände müssen zum Aufgabengebiet des Ortschaftsrats gehören.

(2) Der Ortsvorsteher beruft den Ortschaftsrat zu Sitzungen schriftlich mit angemessener Frist, in der Regel[4] .... vor der Sitzung, unter Angabe der Tagesordnung (§ 13) ein. In der Regel finden Sitzungen[5] .... statt. In Notfällen kann der Ortschaftsrat ohne Frist und formlos (mündlich, fernmündlich oder durch Boten) einberufen werden.

(3) Wird zur Erledigung der Tagesordnung eine Sitzung am nächsten Tag fortgesetzt, so genügt die mündliche Bekanntgabe durch den Ortsvorsteher als Einladung. Ortschaftsräte, die bei Unterbrechung der Sitzung nicht anwesend waren, sind unverzüglich zu verständigen.

(4) Zeit, Ort und Tagesordnung öffentlicher Sitzungen sind rechtzeitig ortsüblich bekannt zu geben.

– § 34 Abs. 1 GemO –

§ 13 Tagesordnung

(1) Der Ortsvorsteher stellt die Tagesordnung für die Sitzungen auf.

(2) Auf Antrag einer Fraktion oder eines Sechstels der Ortschaftsräte ist ein Verhandlungsgegenstand auf die Tagesordnung spätestens der übernächsten Sitzung zu setzen.

(3) Die Tagesordnung enthält Angaben über Beginn und Ort der Sitzung sowie die zur Beratung vorgesehenen Gegenstände, unterschieden nach solchen, über die in öffentlicher, und solchen, über die in nichtöffentlicher Sitzung zu verhandeln ist.

(4) Der Ortsvorsteher kann in dringenden Fällen durch schriftlich auszugebende Nachträge die Tagesordnung erweitern. Er ist berechtigt, Verhandlungsgegenstände bis zum Beginn der Sitzung unter Angabe des Grundes von der Tagesordnung abzusetzen. Dies gilt nicht für Anträge nach Absatz 2.

– § 34 Abs. 1, § 35 Abs. 1 GemO –

---

4 Sieben Tage, mindestens aber drei Werktage.

5 Festlegung eines bestimmten Sitzungstages und ggf. des Sitzungsbeginns.

§ 14 Beratungsunterlagen

(1) Der Einberufung nach § 12 fügt der Ortsvorsteher rechtzeitig, in der Regel mindestens sieben Tage vor dem Sitzungstag, die für die Verhandlung erforderlichen Unterlagen bei, soweit nicht das öffentliche Wohl oder berechtigte Interessen einzelner entgegenstehen. Die Vorlagen sollen die Sach- und Rechtslage darstellen und möglichst einen Antrag enthalten.

(2) Die Mitglieder des Ortschaftsrats dürfen den Inhalt von Beratungsunterlagen für öffentliche Sitzungen, ausgenommen personenbezogene Daten oder Betriebs- und Geschäftsgeheimnisse zur Wahrnehmung ihres Amtes gegenüber Dritten und der Öffentlichkeit bekannt geben.

(3) In öffentlichen Sitzungen sind die Beratungsunterlagen im Sitzungsraum für die Zuhörer auszulegen.

– § 34 Abs. 3, 41 b GemO –

§ 15 Verhandlungsfähigkeit und Verhandlungsleitung

(1) Der Ortschaftsrat kann nur in einer ordnungsgemäß einberufenen und geleiteten Sitzung beraten und beschließen.

(2) Der Vorsitzende eröffnet, leitet und schließt die Verhandlungen des Ortschaftsrats. Die Sitzung wird geschlossen, wenn sämtliche Verhandlungsgegenstände erledigt sind oder wenn die Sitzung wegen Beschlussunfähigkeit des Ortschaftsrats oder aus anderen dringenden Gründen vorzeitig abgebrochen werden muss.

– § 36 Abs. 1, § 37 Abs. 1 GemO –

§ 16 Handhabung der Ordnung, Hausrecht

(1) Der Vorsitzende handhabt die Ordnung und übt das Hausrecht aus. Er kann Zuhörer, die den geordneten Ablauf der Sitzung stören, zur Ordnung rufen und erforderlichenfalls des Sitzungsraums weisen.

(2) Ortschaftsräte können bei grober Ungebühr oder bei wiederholten Verstößen gegen die Ordnung vom Vorsitzenden aus dem Beratungsraum verwiesen werden; mit dieser Anordnung ist der Verlust des Anspruchs auf die auf den Sitzungstag entfallende Entschädigung verbunden. Bei wiederholter grober Ungebühr oder wiederholten Verstößen gegen die Ordnung kann der Ortschaftsrat ein Mitglied für mehrere, höchstens jedoch für sechs Sitzungen ausschließen. Entsprechendes gilt für sachkundige Einwohner, die zu den Beratungen zugezogen sind.

– § 36 Abs. 1 und 3 GemO –

§ 17 Verhandlungsablauf, Änderung der Tagesordnung durch den Ortschaftsrat

(1) Die Gegenstände werden in der Reihenfolge der Tagesordnung verhandelt, sofern der Ortschaftsrat im Einzelfall nichts anderes beschließt.

(2) Die nachträgliche Aufnahme von Gegenständen in die Tagesordnung für die öffentliche Sitzung ist, von Notfällen abgesehen, während der Sitzung nicht möglich. In nichtöffentlichen Sitzungen kann ein Gegenstand, von Notfällen abgesehen, nur durch einstimmigen Beschluss aller Mitglieder des Ortschaftsrats nachträglich auf die Tagesordnung gesetzt werden.

(3) Der Ortschaftsrat kann auf Antrag die Verhandlung über einen Gegenstand vertagen. Wird ein solcher Antrag angenommen, so finden eine zweite Beratung und die Beschlussfassung in einer anderen Sitzung statt.

(4) Die Beratung ist beendet, wenn keine Wortmeldungen mehr vorliegen.

(5) Der Ortschaftsrat kann auf Antrag jederzeit die Aussprache über einen Verhandlungsgegenstand schließen (Schlussantrag). Wird ein solcher Antrag angenommen, ist die Aussprache abzubrechen und Beschluss zu fassen. Über einen Schlussantrag kann erst abgestimmt werden, wenn jede Fraktion Gelegenheit hatte, zur Sache zu sprechen.

§ 18 Vortrag, beratende Mitwirkung im Ortschaftsrat

(1) Den Vortrag im Ortschaftsrat hat der Vorsitzende. Er kann den Vortrag einem Beamten oder Arbeitnehmer der Gemeinde oder anderen Personen übertragen.

(2) Der Bürgermeister sowie in der Ortschaft wohnhafte Gemeinderäte[6], die nicht zugleich Ortschaftsräte sind, können an den Sitzungen des Ortschaftsrats mit beratender Stimme teilnehmen.

(3) Der Ortsvorsteher kann (unbeschadet des weiterhin bestehenden Rechts des Ortschaftsrats) sachkundige Einwohner und Sachverständige zu den Beratungen einzelner Angelegenheiten zuziehen.

(4) Der Vorsitzende kann, auf Verlangen des Ortschaftsrats muss er, Beamte oder Arbeitnehmer der Stadt zu sachverständigen Auskünften zuziehen.

– § 33 GemO –

§ 19 Redeordnung

(1) Der Vorsitzende eröffnet die Beratung nach dem Vortrag (§ 18 Abs. 1). Er fordert zu Wortmeldungen auf und erteilt das Wort grundsätzlich in der Reihenfolge der Meldungen. Bei gleichzeitiger Wortmeldung bestimmt er

---

6 Fassung für Gemeinden mit unechter Teilortswahl: „sowie die als Vertreter des Wohnbezirks, zu dem die Ortschaft gehört, gewählten Gemeinderäte".

die Reihenfolge. Ein Teilnehmer an der Verhandlung darf das Wort erst ergreifen, wenn es ihm vom Vorsitzenden erteilt ist.

(2) Außer der Reihe wird das Wort erteilt zur Stellung von Anträgen zur Geschäftsordnung (§ 21) und zur Berichtigung eigener Ausführungen.

(3) Kurze Zwischenfragen an den jeweiligen Redner sind mit dessen und des Vorsitzenden Zustimmung zulässig.

(4) Der Vorsitzende kann nach jedem Redner das Wort ergreifen, er kann ebenso dem Vortragenden oder zugezogenen sachkundigen Einwohner und Sachverständigen jederzeit das Wort erteilen oder sie zur Stellungnahme auffordern.

(5) Ein Redner darf nur vom Vorsitzenden und nur zur Wahrnehmung seiner Befugnis unterbrochen werden. Der Vorsitzende kann den Redner zur Sache verweisen oder zur Ordnung rufen.

§ 20 Sachanträge

(1) Anträge zu einem Verhandlungsgegenstand der Tagesordnung (Sachanträge) sind vor Abschluss der Beratung über diesen Gegenstand zu stellen. Der Vorsitzende kann verlangen, dass Anträge schriftlich gestellt werden.

(2) Anträge, deren Annahme das Vermögen, den Schuldenstand oder den Haushalt der Stadt nicht unerheblich beeinflussen (Finanzanträge), insbesondere eine Ausgabenerhöhung oder eine Einnahmesenkung gegenüber den Ansätzen des Haushaltsplans mit sich bringen würden, müssen einen nach den gesetzlichen Bestimmungen durchführbaren Vorschlag für die Aufbringung der erforderlichen Mittel enthalten.

§ 21 Geschäftsordnungsanträge

(1) Anträge „Zur Geschäftsordnung“ können jederzeit, mit Bezug auf einen bestimmten Verhandlungsgegenstand nur bis zum Schluss der Beratung hierüber, gestellt werden.

(2) Geschäftsordnungsanträge unterbrechen die Sachberatung. Außer dem Antragsteller und dem Vorsitzenden erhält aus jeder Fraktion ein Redner Gelegenheit, zu einem Geschäftsordnungsantrag zu sprechen.

(3) Geschäftsordnungsanträge sind insbesondere

a) der Antrag, ohne weitere Aussprache zur Tagesordnung überzugehen,
b) der Schlussantrag (§ 17 Abs. 5),
c) der Antrag, die Rednerliste zu schließen,
d) der Antrag, den Gegenstand zu einem späteren Zeitpunkt in derselben Sitzung erneut zu beraten,
e) der Antrag, die Beschlussfassung zu vertagen,
f) der Antrag, den Verhandlungsgegenstand an einen Ausschuss zu verweisen.

(4) Ein Ortschaftsrat, der selbst zur Sache gesprochen hat, kann Anträge nach Abs. 3 Buchst. b und c nicht stellen.

§ 22 Beschlussfassung, Beschlussfähigkeit

(1) Im Anschluss an die Beratung wird über die vorliegenden Sachanträge Beschluss gefasst. Der Ortschaftsrat beschließt durch Abstimmung (§ 23) und Wahlen (§ 24).

(2) Der Ortschaftsrat ist beschlussfähig, wenn mindestens die Hälfte aller Mitglieder anwesend und stimmberechtigt ist.

(3) Bei Befangenheit von mehr als der Hälfte aller Mitglieder ist der Ortschaftsrat beschlussfähig, wenn mindestens ein Viertel aller Mitglieder anwesend und stimmberechtigt ist.

(4) Ist der Ortschaftsrat wegen Abwesenheit oder Befangenheit von Mitgliedern nicht beschlussfähig, muss eine zweite Sitzung stattfinden, in der er beschlussfähig ist, wenn mindestens drei Mitglieder anwesend und stimmberechtigt sind; bei der Einberufung der zweiten Sitzung ist hierauf hinzuweisen. Die zweite Sitzung entfällt, wenn weniger als drei Mitglieder stimmberechtigt sind.

(5) Ist keine Beschlussfähigkeit des Ortschaftsrats gegeben, entscheidet der Ortsvorsteher anstelle des Ortschaftsrats nach Anhörung der nicht befangenen Ortschaftsräte. Ist auch der Ortsvorsteher befangen, kann der Ortschaftsrat ein stimmberechtigtes Mitglied für die Entscheidung zum Stellvertreter des Ortsvorstehers bestellen.

(6) Bei der Berechnung der „Hälfte bzw. des Viertels aller Mitglieder" nach den Absätzen 2 und 3 ist von der Zahl der tatsächlich besetzten Sitze auszugehen. Diese Zahl ergibt sich dadurch, dass von den durch die Hauptsatzung bestimmten Mitgliedern die Zahl der bei der Wahl nicht besetzten Sitze (§ 26 Abs. 4 KomWG) sowie die Zahl der Sitze, die nach Ausscheiden eines Ortschaftsrats durch Nachrücken nicht mehr besetzt werden können, abgezogen wird.

(7) Der Vorsitzende hat sich vor der Beschlussfassung über jeden Verhandlungsgegenstand zu überzeugen, ob der Ortschaftsrat beschlussfähig ist.

– § 37 GemO –

§ 23 Abstimmungen

(1) Anträge sind positiv und so zu formulieren, dass sie als Ganzes angenommen oder abgelehnt werden können. Wird ein Antrag in eine Frage gekleidet, ist sie so zu stellen, dass sie mit Ja oder Nein beantwortet werden kann. Über Anträge zur Geschäftsordnung (§ 21) wird vor Sachanträgen (§ 20) abgestimmt. Bei Geschäftsordnungsanträgen wird über diejenigen, die der sachlichen Weiterbehandlung am meisten entgegen-

stehen, zuerst abgestimmt. Über Änderungs- und Ergänzungsanträge zur Sache wird vor dem Hauptantrag abgestimmt. Als Hauptantrag gilt der Antrag des Vortragenden (§ 18 Abs. 1) oder eines Ausschusses oder der Verwaltung. Liegen mehrere Änderungs- und Ergänzungsanträge zu der gleichen Sache vor, so wird jeweils über denjenigen zunächst abgestimmt, der am weitesten von dem Hauptantrag abweicht.

(2) Die Beschlüsse werden mit Stimmenmehrheit gefasst. Stimmenthaltungen werden bei der Ermittlung der Mehrheit nicht berücksichtigt. Bei Stimmengleichheit ist der Antrag abgelehnt.

(3) Der Ortschaftsrat stimmt in der Regel offen durch Handerhebung ab. Namentlich wird abgestimmt auf Antrag eines Viertels der Ortschaftsräte oder des Vorsitzenden. Bei namentlicher Abstimmung richtet sich die Reihenfolge der Stimmabgabe nach der Sitzordnung (§ 11). Der Vorsitzende stellt das Ergebnis der Abstimmung fest. Ist einem Antrag nicht widersprochen worden, so kann er dessen Annahme ohne förmliche Abstimmung feststellen.

(4) Der Ortschaftsrat kann auf Antrag beschließen, dass ausnahmsweise geheim mit Stimmzetteln abgestimmt wird. Das Verfahren richtet sich nach den Bestimmungen in § 24 Absatz 2.

– § 37 Abs. 6 GemO –

§ 24 Wahlen

(1) Wahlen werden geheim mit Stimmzetteln vorgenommen; es kann offen gewählt werden, wenn kein Mitglied des Ortschaftsrats widerspricht. Gewählt ist, wer mehr als die Hälfte der Stimmen der anwesenden Stimmberechtigten erhalten hat. Wird eine solche Mehrheit bei der Wahl nicht erreicht, findet zwischen den beiden Bewerbern mit den meisten Stimmen Stichwahl statt, bei der die einfache Stimmenmehrheit entscheidet. Bei Stimmengleichheit entscheidet das Los. Steht nur ein Bewerber zur Wahl, findet im Falle des Satzes 4 ein zweiter Wahlgang statt, für den Satz 3 gilt. Der zweite Wahlgang soll frühestens eine Woche nach dem ersten Wahlgang durchgeführt werden.

(2) Die Stimmzettel sind vom Vorsitzenden bereitzuhalten. Sie werden verdeckt oder gefaltet abgegeben. Der Vorsitzende ermittelt unter Mithilfe eines vom Ortschaftsrat bestellten Mitglieds oder eines Gemeindebediensteten das Wahlergebnis und gibt es dem Ortschaftsrat bekannt.

(3) Ist das Los zu ziehen, so hat der Ortschaftsrat hierfür ein Mitglied zu bestimmen. Der Vorsitzende oder in seinem Auftrag der Schriftführer stellt in Abwesenheit des zur Losziehung bestimmten Ortschaftsrats die Lose her. Der Hergang der Losziehung ist in die Niederschrift aufzunehmen.

– § 37 Abs. 7 GemO –

§ 25 Persönliche Erklärungen

(1) Zu einer kurzen „persönlichen Erklärung“ erhält das Wort

a) jedes Mitglied des Ortschaftsrats, um seine Stimmabgabe zu begründen. Die Erklärung kann nur unmittelbar nach der Abstimmung abgegeben werden;

b) wer einen während der Verhandlung gegen ihn erhobenen persönlichen Vorwurf abwehren oder wer eigene Ausführungen oder deren unrichtige Wiedergabe durch andere Redner richtigstellen will. Die Erklärung kann nach Erledigung eines Verhandlungsgegenstands (Beschlussfassung, Vertagung, Übergang zur Tagesordnung) abgegeben werden.

(2) Eine Aussprache über „persönliche Erklärungen“ findet nicht statt.

§ 26 Fragestunde

(1) Einwohner und die ihnen gleichgestellten Personen und Personenvereinigungen nach § 10 Abs. 3 und 4 GemO können bei öffentlichen Sitzungen des Ortschaftsrats Fragen zu Ortschaftsangelegenheiten stellen oder Anregungen und Vorschläge unterbreiten (Fragestunde).

(2) Grundsätze für die Fragestunde:

a) Die Fragestunde findet in der Regel zu Beginn der öffentlichen Sitzungen statt. Ihre Dauer soll 30 Minuten nicht überschreiten.

b) Fragen, Anregungen und Vorschläge müssen kurz gefasst sein und sollen die Dauer von drei Minuten nicht überschreiten.

c) Zu den gestellten Fragen, Anregungen und Vorschlägen nimmt der Vorsitzende Stellung. Kann zu einer Frage nicht sofort Stellung genommen werden, so wird die Stellungnahme in der folgenden Fragestunde abgegeben. Ist dies nicht möglich, teilt der Vorsitzende dem Fragenden den Zeitpunkt der Stellungnahme rechtzeitig mit. Der Vorsitzende kann unter den Voraussetzungen des § 35 Abs. 1 Satz 2 GemO von einer Stellungnahme absehen, insbesondere in Personal-, Grundstücks-, Sozialhilfe- und Abgabensachen sowie in Angelegenheiten aus dem Bereich der Sicherheits- und Ordnungsverwaltung.

– § 33 Abs. 4 GemO –

§ 27 Anhörung

(1) Der Ortschaftsrat kann betroffenen Personen und Personengruppen Gelegenheit geben, ihre Auffassung im Ortschaftsrat vorzutragen (Anhörung). Über die Anhörung im Einzelfall entscheidet der Ortschaftsrat auf Antrag betroffener Personen und Personengruppen.

(2) Die Anhörung ist öffentlich. Unter den Voraussetzungen des § 35 Abs. 1 Satz 2 GemO kann die Anhörung nichtöffentlich durchgeführt werden. Der Ortschaftsrat kann die Anhörung auch in Angelegenheiten, für die er zuständig ist, einem Ausschuss übertragen.

(3) Die Anhörung findet vor Beginn einer Sitzung des Ortschaftsrats oder innerhalb einer Sitzung vor Beginn der Beratung über die die Anzuhörenden betreffende Angelegenheit statt. Hierüber entscheidet der Ortschaftsrat im Einzelfall.

(4) Ergibt sich im Laufe der Beratungen des Ortschaftsrats eine neue Sachlage, kann der Ortschaftsrat eine erneute Anhörung beschließen.

– § 33 Abs. 4 GemO –

IV.
Beschlussfassung im schriftlichen, elektronischen Verfahren und durch Offenlegung

§ 28 Schriftliches, elektronisches Verfahren

Über Gegenstände einfacher Art kann im schriftlichen oder elektronischen Verfahren beschlossen werden. Der Antrag, über den im Wege des schriftlichen oder elektronischen Verfahrens beschlossen werden soll, muss allen Ortschaftsräten zugehen. Er ist angenommen, wenn kein Mitglied widerspricht.

– § 37 Abs. 1 GemO –

§ 29 Offenlegung

(1) Über Gegenstände einfacher Art kann im Wege der Offenlegung beschlossen werden. Die Offenlegung kann in einer Sitzung und außerhalb einer solchen geschehen.

(2) Bei Offenlegung in einer Sitzung sind die zur Erledigung vorgesehenen Gegenstände in einem besonderen Abschnitt der Tagesordnung aufzuführen. Ein Antrag ist angenommen, wenn ihm während der Sitzung nicht widersprochen wird.

(3) Bei Offenlegung außerhalb einer Sitzung sind die Ortschaftsräte darauf hinzuweisen, dass die Vorlage im Rathaus aufliegt; dabei ist eine Frist zu setzen, innerhalb der dem Antrag widersprochen werden kann. Wird fristgerecht kein Widerspruch erhoben, ist der Antrag angenommen.

– § 37 Abs. 1 GemO –

V.
Niederschrift

§ 30 Inhalt der Niederschrift

(1) Über den wesentlichen Inhalt der Verhandlungen des Ortschaftsrats ist eine Niederschrift zu fertigen; sie muss insbesondere Tag, Ort, Beginn und Ende der Sitzung, den Namen des Vorsitzenden, die Zahl der anwesenden und die Namen der abwesenden Ortschaftsräte unter Angaben des Grundes der Abwesenheit, die Gegenstände der Verhandlung, die Anträge, die Abstimmungs- und Wahlergebnisse und den Wortlaut der Beschlüsse enthalten.

(2) Bei Beschlussfassung im schriftlichen, elektronischen Verfahren (§ 28) oder der Offenlegung (§ 29) gilt Abs. 1 entsprechend.

(3) Der Vorsitzende und jedes Mitglied kann im Einzelfall verlangen, dass ihre Erklärung oder Abstimmung in der Niederschrift festgehalten wird.

– § 38 Abs. 1 GemO –

§ 31 Führung der Niederschrift

(1) Die Niederschrift wird vom Schriftführer geführt.

(2) Die Niederschriften über öffentliche und über nichtöffentliche Sitzungen sind getrennt zu führen.

(3) Die Niederschrift ist vom Vorsitzenden, von mindestens zwei Urkundspersonen und vom Schriftführer zu unterzeichnen.

(4) Sind Urkundspersonen verhindert, so sind vor Eintritt in die Tagesordnung Vertreter zu benennen.

§ 32 Einsichtnahme in die Niederschrift

(1) Die Ortschaftsräte können jederzeit in die Niederschriften über die öffentlichen und über die nichtöffentlichen Sitzungen Einsicht nehmen.

(2) Die Einsichtnahme in die Niederschriften über die öffentlichen Sitzungen ist auch den in der Ortschaft wohnenden Einwohnern gestattet.

– § 38 Abs. 2 GemO –

VI.
Schlussbestimmung

§ 33 Inkrafttreten

Diese Geschäftsordnung tritt am .... in Kraft.

........................., den ....

....
Ortsvorsteher

Sachregister